Autor _ KROPOTKIN
Título _ O PRINCÍPIO ANARQUISTA
E OUTROS ENSAIOS

Copyright	Hedra 2007
Tradução©	Plínio A. Coêlho
Ed. cons.	*Le Temps Nouveaux*, 1903, 1913, 1914 e *La Brochure Mensuelle*, (julho) 1934.
Eds.	2007 2010
Corpo editorial	Adriano Scatolin, Alexandre B. de Souza, Bruno Costa, Caio Gagliardi, Fábio Mantegari, Iuri Pereira, Jorge Sallum, Oliver Tolle, Ricardo Musse, Ricardo Valle
Dados	

Dados Internacionais de Catalogação na Publicação (C

Kropotkin, Piotr Alekseievitch (1842–1921)

O princípio anarquista e outros ensaios. / Piotr A. Kropotkin. Tradução e organização de Plínio A. Coêlho. — São Paulo: Hedra, 2007. (Estudos Libertários). 142 p.

ISBN 978-85-7715-071-7

1. Anarquismo. I. Título. II. Série. III. Coêlho, Plínio Augusto, Tradutor.

CDU
CDD 320.57

Elaborado por Wanda Lucia Schmidt CRB-8-1922

Direitos reservados em língua portuguesa somente para o Brasil

EDITORA HEDRA LTDA.

Endereço	R. Fradique Coutinho, 1139 (subsolo) 05416-011 São Paulo SP Brasil
Telefone/Fax	+55 11 3097 8304
E-mail	editora@hedra.com.br
Site	www.hedra.com.br

Foi feito o depósito legal.

Autor _ Kropotkin
Título _ O princípio anarquista e outros ensaios
Introdução _ Alexandre Samis
Organização e tradução _ Plínio Augusto Coêlho
Série _ Estudos Libertários
São Paulo _ 2012

Piotr Alekseievich Kropotkin, (Moscou, 1842-Dmitrov, 1921) revolucionário russo e cientista, foi um dos mais destacados teóricos e ativistas do movimento anarquista. Filho do príncipe Aleksei Petrovitch, serviu um ano como ajudante-de-ordens do czar Alexandre II e cinco anos como oficial do exército russo na Sibéria, onde também deu seguimento a seus estudos e pesquisas como geógrafo. Em 1871, já reconhecido como cientista, recusa o secretariado da Sociedade Geográfica Russa e abre mão de sua herança e benesses aristocráticas para se dedicar à reflexão política e às causas sociais. Atraído pelo anarquismo, visita em 1872 a comuna dos relojoeiros suíços do Jura, no sul da França. De volta à Rússia, ingressa no círculo Tchaikovski, formado por revolucionários empenhados na disseminação de propaganda entre os operários e camponeses de São Petersburgo e Moscou. Preso em 1874, escapa dois anos depois e foge para a Europa ocidental, onde é acolhido nos círculos radicais emergentes. Segundo sua teoria do comunismo anarquista, a propriedade privada e a desigualdade de renda seriam substituídas pela livre distribuição de bens e serviços, de acordo com a necessidade de cada um e em troca de trabalho ou de produtos. Desiludido com o comunismo autoritário dos bolcheviques, Kropotkin defendia não apenas a abolição do Estado mas de toda e qualquer forma de liderança autoritária, preconizando a formação de comunas autossuficientes nos moldes das comunidades russas pré-revolucionárias. Falece em Dmitrov, vilarejo ao norte de Moscou, em 8 de fevereiro de 1921, vitimado por uma pneumonia.

O princípio anarquista reúne, além do artigo que intitula a presente edição, publicado em *Les Temps Nouveaux* (1913); *Fatalidade da revolução* (sem data), *A anarquia na evolução socialista*, conferência realizada em Paris, em 1887; *A ação anarquista na revolução*, publicado em *Les Temps Nouveaux* (1914); e *Comunismo e anarquia* (1903). Em todos estes textos, Kropotkin discute as principais dificuldades enfrentadas pelos movimentos socialistas da virada do século XIX: a aparente desunião e discordâncias teóricas, os métodos de ação violentos, a necessidade do embate com o princípio da autoridade do campo privado, como o do casamento, até o governamental, o consumo e a satisfação pessoal e, por fim, a preservação da liberdade individual nas comunas.

Plínio Augusto Coêlho fundou em 1984 a Novos Tempos Editora, em Brasília, dedicada à publicação de obras libertárias. Em 1989, transfere-se para São Paulo, onde cria a Editora Imaginário, mantendo a mesma linha de publicações. É idealizador e cofundador do IEL (Instituto de Estudos Libertários).

Alexandre Samis é doutor em História pela Universidade Federal Fluminense (UFF) e professor do Colégio Pedro II. Membro do Instituto de Estudos Libertários, é autor do livro *Clevelândia: anarquismo, sindicalismo e repressão política no Brasil*, (Imaginário/Achiamé, 2002).

Série Estudos Libertários: as obras reunidas nesta série, em sua maioria inéditas em língua portuguesa, foram escritas pelos expoentes da corrente libertária do socialismo. Importante base teórica para a interpretação das grandes lutas sociais travadas desde a segunda metade do século XIX, explicitam a evolução da ideia e da experimentação libertárias nos campos político, social e econômico, à luz dos princípios federalista e autogestionário.

SUMÁRIO

Introdução, por Alexandre Samis   9

O PRINCÍPIO ANARQUISTA E OUTROS ENSAIOS   **31**
O princípio anarquista   33
Fatalidade da revolução   39
A anarquia na evolução socialista   79
A ação anarquista na revolução   99
Comunismo e anarquia   121

INTRODUÇÃO

ARQUEADO sobre uma folha de papel, em uma cela úmida da penitenciária de Reading, na sombria Inglaterra vitoriana, escrevia Oscar Wilde o trecho que viria a se somar a uma série de missivas, posteriormente reunidas em livro. Após dois anos de reclusão, Wilde tornou-se um homem de convicções místicas, religiosas, que em nada lembrava o *dandy* irreverente de anos antes. Menos ainda se parecia com o polemista, autor controvertido e cultuado por uma miríade de intelectuais, ou aspirantes a esta condição, na velha Londres oitocentista. Mas, do socialista restava uma opinião, uma referência. Ao tentar eleger um modelo de "vida perfeita", Wilde escreveu sobre Piotr Kropotkin: "Tem a alma de um Cristo alvo e belo como a Rússia nos poderia dar".

A trajetória de Kropotkin, se contada por fragmentos e registros de seus contemporâneos, não seria muito diferente da apresentada por Wilde. Entretanto, longe das idealizações que contribuem pouco para a biografia de qualquer indivíduo, a vida desse príncipe russo nada tem de idílio religioso. Herdeiro de um título de nobreza, ao qual renunciou muito cedo, e atado por nascimento à casa dos Ruriks, dinastia anterior à Romanov, desde muito cedo interessou-se pelos mistérios da natureza e da sociedade. O ambiente aristocrático e a relação de seu pai com os servos domésticos e os que sob seu jugo viviam em seus domínios senhoriais — "cerca de mil e duzentas almas" —, em muito contribuíram para as conclusões de Kropotkin sobre as causas da desarmonia presente em quase todas as esferas sociais europeias.

Profundamente influenciado por sua época, seria be-

INTRODUÇÃO

neficiado pela geração que deu à Rússia escritores como Turguêniev, Tolstói, Herzen, Bakunin, Ogarev, Dostoiévski, entre outros, por meio dos quais chegou ao pensamento reformista. Mas foi em São Petersburgo, na casa de sua tia, em colóquios literários secretos com uma prima pouco mais velha, que iniciou as primeiras leituras políticas mais direcionadas. Nessa ocasião, chegava clandestinamente à Rússia a revista "Estela polar" (*Poliarnaia zvezda*), publicada por Alexandre Herzen, no exílio. Para maior vínculo com iniciativas anteriores, o impresso trazia na capa, em um de seus números, a efígie dos cinco "decembristas", enforcados depois do levante de 14 de dezembro de 1825, por ordem de Nicolau I. Kropotkin não aceitava a proposta de inaugurar no país uma nova era constitucional e, assim, acabou por fundar, por volta de 1859, um jornal.

Nos anos que se seguiram, envolvido pelas agitações que antecederam à abolição da servidão na Rússia, e que encontraram seu termo com o decreto do czar Alexandre II, no ano de 1861, Kropotkin terminaria seus estudos na academia militar e, uma vez graduado oficial, embarcaria para a Sibéria. Já na região gelada, cercado pela floresta boreal, envidou esforços a fim de melhorar as condições de sobrevivência dos desterrados e prisioneiros, uma vez que lá estava em missão oficial. A carreira militar, apesar de promissora, tornou-se incompatível com suas aspirações. A crueldade com que eram tratados os desterrados, em especial os poloneses dissidentes que se opunham ao domínio russo em seu país, fez com que ele e seu irmão, Alexandre, abdicassem das prerrogativas da farda.

Nesse período, dedicou-se aos estudos da matemática e da geografia, e como pesquisador, buscou investigar principalmente os contornos orográficos da Sibéria. Uma tese original sobre as montanhas daquela região valeu-lhe um secretariado na Sociedade Geográfica Russa. Negou-se, entretanto, a receber maiores honrarias oferecidas pela instituição. Não as queria, pois pensava apenas em envolver-se ainda mais nas suas investigações.

Na grande Rússia, o movimento populista (*narodnik*) estimulava, desde 1862, a juventude a travar maior contato com o povo, em particular com o camponês. A comunidade camponesa (*obschina*), vista por Herzen como uma unidade de produção socialista, apontava para a possibilidade de uma revolução no campo a partir de valores tradicionais. A incipiente *intelligentsia*, de complexa formação, integrada basicamente por intelectuais das camadas médias urbanas, não aderia ao radicalismo. Compelido pelos estudos e movido por aspirações políticas, Kropotkin viajou para a Europa ocidental.

Após desembarcar em Zurique, por indicação dos colegas russos, tomou o trem que o levaria a Genebra para conhecer a seção local da Associação Internacional dos Trabalhadores (AIT). As reuniões da AIT aconteciam no endereço do Templo Único Maçônico. Além das assembleias, no mesmo local, professores voluntários, quase todos refugiados da Comuna de Paris, ministravam aulas de História e Física. Embora as primeiras impressões tenham sido muito favoráveis, Kropotkin percebeu, entretanto, que a seção em questão estava comprometida com as candidaturas oficiais de membros da pequena burguesia. Assim, sem grande entusiasmo pela colaboração com partidos políticos, procurou outra fração da AIT no país, e acabou se aproximando de um grupo conhecido à época por "bakuninista". Ao chegar a Neuchâtel, região da jurisdição dos relojoeiros das montanhas do Jura, e passar ali cerca de uma semana, tomou conhecimento das posições assumidas pela Federação Jurassiana em relação ao conselho geral da AIT que, segundo a Federação, confundia a Associação com um partido político. Para a fração do Jura, a entidade deveria coordenar a luta direta dos trabalhadores, portanto, por critérios estritamente econômicos, contra os patrões, e não buscar a centralização através de um conselho

INTRODUÇÃO

geral. Acreditavam, assim, que as diretrizes assumidas pela "instância diretiva" feria o princípio federativo da AIT. Além disso, como também pensava Kropotkin, a aproximação com os partidos políticos, mesmo os operários, devia ser restrita.

Foi nessa mesma ocasião que Kropotkin conheceu James Guillaume, o redator do *Boletim da Federação Jurassiana*, que acumulava as funções de tipógrafo, militante da Federação e tradutor. Outro importante membro da Federação que muito contribuía para o seu funcionamento, era A. Schwitzguébel, morador de Sonvilliers, cidadela no vale do Jura. Esses militantes lhe impressionaram, uma vez que agiam harmonicamente com toda a base dos trabalhadores e ainda articulavam a colaboração, para a execução das tarefas da entidade, dos exilados *communards*. De uma das assembleias na região, ele registraria a seguinte memória:

a ausência de distinção entre chefes e membros da Federação Jurassiana contribuía para que cada membro desta última se esforçasse para formar uma opinião pessoal e independente sobre todas as questões. Vi que os operários não eram ali uma massa conduzida por uma minoria que dela se servia para alcançar objetivos políticos; os seus líderes eram simplesmente os camaradas mais empreendedores – agiam mais como iniciadores do que como chefes. [...] E estou firmemente convencido de que se a Federação Jurassiana desempenhou um papel sério no desenvolvimento do socialismo, não somente por causa da importância das ideias antigovernamentais e federalistas de que [se fez] paladina, mas também pelo bom-senso dos relojoeiros do Jura.

Dessa experiência recolheria o princípio que o nortearia por toda sua vida; do coração do vale do Jura ele levaria o pulsar do seu socialismo, e dali sairia como anarquista.

Kropotkin era então tributário dos operários do Jura, os mesmos que, poucos anos antes, haviam recebido a visita de Bakunin para juntos afinarem a proposta de federalismo. Os "bakuninistas" suíços convertiam assim um russo que, por ironia, nem sequer conhecera pessoalmente o mestre do coletivismo libertário. Bakunin era respeitado mais por uma impressionante ascendência moral do que propriamente por suas qualidades intelectuais. Tratavam-no, os jurassianos, apenas por Mikhail, como um velho amigo, um camarada, como lembra Kropotkin em suas memórias.

De volta à Rússia, consegue contrabandear para dentro do país, pela fronteira polonesa, livros e jornais revolucionários. Ao regressar, depara-se com o auge do movimento niilista que, desde 1860, roubava das famílias mais abastadas a energia de seus filhos mais jovens. Os niilistas, segundo ele, não eram meros terroristas, como queria fazer crer a imprensa de seu tempo. O método, é certo, surgira como necessidade tática momentânea. Na realidade, os niilistas haviam declarado guerra às chamadas "mentiras convencionais da sociedade civilizada". A sinceridade absoluta, com alguma rudeza, era uma de suas características. Outras eram o racionalismo, o agnosticismo e a tolerância pela religião na sua forma mais simples, vista como uma necessidade psicológica. O movimento, na sua vertente mais revolucionária, incitava por meio do grito *"v narod!"* (ao povo!) os entusiasmados a se aproximarem da população camponesa mais pobre. Segundo Kropotkin, referindo-se às leituras dos niilistas:

O objetivo de todas elas era chegar à solução da questão que dominava todas as outras: como poderiam os moços tornar-se úteis às massas? Pouco a pouco chegaram à convicção de que o único meio de o fazer seria estabelecer-se entre a gente do povo, vivendo sua vida. Muitos rapazes foram para as aldeias, onde se fixaram como médicos, enfermeiros, professores, escreventes e até mesmo agricultores, serralheiros, lenhadores etc., e trataram de viver em contato íntimo com os camponeses. As moças tiravam diploma de professora, aprendiam a profissão de parteira e enfermeira e dirigiam-se às centenas para as aldeias, dedicando-se de corpo e alma à parte pobre da população.

A literatura ocupou-se dessa geração, Turguêniev, em *Pais e filhos*, reuniu em Bazarov as qualidades do niilista,

INTRODUÇÃO

cunhando mesmo nessa obra o conceito e o nome atribuído ao fenômeno social. N. Tchernichevski, em seu *Que fazer?*, buscou também delinear o perfil dessa "mocidade russa".

Foi, no entanto, pelo contato com Dimitri Kelnitz, nos meios universitários, que Kropotkin adentrou esse universo ao participar de um grupo de estudos e propaganda chamado "Círculo Tchaikóvski", nome de seu principal mentor. Os objetivos mais imediatos eram a instrução mútua e a divulgação de obras de pensadores liberais e radicais. O critério de ingresso passava pela apresentação do neófito por um dos membros. A probidade moral tinha de ser comprovada e, após uma entrevista, era ou não confirmada a adesão. Na primavera de 1872, uma vez associado ao Círculo, ele passou a dar sua contribuição que incluía obviamente socializar os conhecimentos adquiridos na passagem pela Suíça.

As atividades do Círculo ocorriam junto às outras iniciativas espalhadas por São Petersburgo, Moscou, Kiev e outras cidades nas províncias do Império. Contrastava, entretanto, com experiências como as de Nechaiev, que propugnava pela formação de uma sociedade secreta revolucionária, dotada de mecanismos de segurança nos moldes dos antigos conspiradores. O Círculo, que inicialmente tivera uma atuação tímida no campo prático, passado algum tempo, dedicou-se a fomentar entre os operários de São Petersburgo a propaganda do socialismo. Nessa época, entre os vários grupos, discutiam-se dois caminhos para as organizações: um que se definia pela propaganda mais radical entre os jovens e, outro, que apontava para a necessidade do preparo e formação de homens capazes de levantar a grande massa dos operários e camponeses em favor da ruptura social. Este último caminho ganhava cada vez mais espaço entre os diversos círculos.

De fato, os ecos da Internacional, e mesmo o poderoso verbo de Bakunin, de uma forma ou de outra impulsionaram estes movimentos. P. L. Lavrov, outro fundamental estimulador, tingia com frases fortes o cenário para maior dramaticidade. Mas as origens do niilismo remontavam aos anos de 1850. Para o Império russo a década tinha sido fatal. A derrota fragorosa na guerra da Crimeia (1853-1855) frente à Inglaterra tinha lançado por terra as ambições do czar de dirigir uma nação com alguma ascendência sobre a Europa ocidental. Tais circunstâncias, associadas ao acanhamento das reformas do governo, garantiam para os revolucionários um campo suficientemente fértil para a agitação política. Kropotkin dividia-se entre as tarefas de seu grupo, o trabalho acadêmico que o levou à Finlândia e o manteve em São Petersburgo, e a pretensão de, em terras de seu pai, falecido havia pouco, organizar uma comuna camponesa abrindo mão, assim, do direito de herança.

Os tempos, entretanto, eram difíceis. Muitos companheiros revolucionários, inclusive os de seu grupo, haviam caído nas mãos da polícia e se encontravam encarcerados. Ele pressentia que não estava longe o dia de também ser detido por suas atividades. Não era um desconhecido das autoridades e as delações e infiltrações nos meios revolucionários eram cada vez mais comuns. Uma rede de agentes e informantes tratava de identificar e indicar a prisão dos mais ativos. Em 1874, os presságios converteram-se em realidade, e Kropotkin foi preso e encaminhado para a fortaleza Pedro e Paulo. Durante os quase dois anos de reclusão, escreveu e deu sequência a trabalhos científicos. Ainda nesse período, seu irmão, Alexandre, seria preso e depois exilado na Sibéria, onde, anos depois, acabaria pondo fim à própria vida.

A fuga de Kropotkin da prisão de forma incomum. transferido para o hospital penitenciário, após manifestar sintoma de certa enfermidade, ele, com a ajuda de alguns companheiros, escapou sem maiores dificuldades pela porta do pátio, local onde os internos praticavam atividades físicas regulares. Cruzando a fronteira, após passar pela Suécia, embarcou para a Inglaterra para um exílio de mais de quarenta anos.

Primeiro Kropotkin estabeleceu-se em Edimburgo, evi-

INTRODUÇÃO

tou Londres por zelo, uma vez que naquela capital agentes a soldo do governo russo vigiavam todos os exilados. Daquela cidade começou a colaborar com periódicos científicos. Mas logo percebeu que seria duro sobreviver na Escócia. Assim, apesar do contexto político, utilizando nome falso de Lavachov, a prudência cedeu lugar à necessidade. Acabou partindo para Londres onde, como esperava, seria mais fácil garantir um sustento. E uma vez na cidade, acertou a colaboração com os periódicos *Times* e *Nature*, este último muito lido por ele quando ainda residia na Rússia. E aproximou-se também do jornal de Lavrov.

Apesar de ter garantias, decidiu, a convite de James Guillaume, passar algum tempo na Suíça. Voltava, então, à Federação Jurassiana, agora em uma conjuntura na qual o cisma entre os "bakuninistas" e "marxistas" havia esgarçado até cindir a antiga AIT. Para essa situação, haviam contribuído significativamente alguns fatores: após a Comuna de Paris, nos meses que se seguiram a maio de 1871, uma pesada repressão se abateu sobre os membros da AIT em território francês, muitos *communards* pereceram traspassados pelas balas da reação nos muros do cemitério Père Lachaise; leis restritivas à organização dos trabalhadores desmembraram e atomizaram as entidades revolucionárias, empurrando para o exílio ou recolhendo nas prisões os membros mais ativos. Na Alemanha unificada, desde início de 1871, um governo parlamentar possibilitou o ingresso no *Reichstag* de um número razoável de socialistas. Animados com tal perspectiva, e prevendo até uma maioria "social-democrata" no parlamento, os que seguiam Karl Marx na Internacional, e seu próprio "Conselho Geral", passaram a defender a tática parlamentar. Para os "bakuninistas" no seio da entidade, a tática sofria de uma contradição lógica. A primazia do econômico que, segundo Bakunin, aglutinava os trabalhadores por classe, acabaria, dessa forma, perdendo espaço para o âmbito da política; e, esta, por se encontrar na esfera da retórica e por opor muitas vezes os trabalhadores entre si, pela própria natureza do credo partidário, acabaria por dividir o movimento operário em colorações políticas diversas.

Assim, a configuração que assumia o Estado-nação, na emergência da nova ordem política e econômica na Europa, acabava por subordinar a lógica de sua própria formação à tática dos seguidores de Marx que pretendiam, uma vez encastelados no interior das instituições políticas, promover a revolução. Para Kropotkin:

> O conflito entre marxistas e bakuninistas não foi uma questão pessoal. Foi a luta necessária entre os princípios federalistas e o princípios de centralização, entre a Comuna livre e o governo paternal do Estado, entre a ação livre das massas populares, caminho para a sua emancipação e o aperfeiçoamento legal do capitalismo em vigor.

Em 1872, a fratura da Internacional, no Congresso de Haia, colocaria fora da entidade a Federação Jurassiana, e as seções espanhola, belga e italiana. Bakunin e Guillaume foram excluídos e denunciaram a manobra dos "autoritários" ao pulverizarem as votações em minúsculas representações em detrimento das seções com um número mais robusto de filiados. Um novo Conselho Geral, eleito após a defecção, e de hegemonia "social-democrata", transferiria a sede da AIT para Nova York, onde poucos anos depois os responsáveis pela direção encerrariam as atividades da lendária organização.

Em junho de 1876 morreria Bakunin, mas as federações, ainda que seriamente prejudicadas pela reação, continuaram um trabalho importante de resistência. Mesmo blanquistas, mazzinianos e republicanos radicais, além, é claro, dos anarquistas, não deixaram de promover ações de maior ou menor impacto para evitar restaurações monárquicas ou a manutenção do conservadorismo de alguns governos na Europa. Para esse movimento, foi fundamental a colaboração do jornal, redigido em francês, da Federação Jurassiana. Esse periódico, não apenas pela familiaridade do idioma em todo

INTRODUÇÃO

o continente, logrou atravessar fronteiras e, ao contrário dos de igual tendência, como os publicados na Espanha ou na Itália, tornou-se referência fora de seu país. Da região do Jura, irradiavam para outras partes as referências do federalismo anarquista.

Kropotkin permaneceu por cerca de cinco anos na Suíça. Nesse período, conheceu Errico Malatesta, Carlo Cafiero, Elisée Reclus e a estudante e exilada russa Sofia Ananiev, que seria sua companheira pelo resto de seus dias. Outros russos como Jukovski, amigo de Herzen, e um ex-oficial, Sokolov, colaboravam com a Federação Jurassiana, além de alguns alemães e o espanhol Albarracin. Nessa época, as reuniões semanais nas diversas seções da Federação ocupavam parte do tempo de Kropotkin. Foi também nesse período que os trabalhadores do Jura, reunidos em prol da memória da Comuna, na cidade de Berna, e depois em um Congresso em Saint-Imier, entraram em choque com a polícia. Os confrontos, algumas vezes armados, preparavam a luta para a implementação, na perspectiva dos anarquistas, de uma sociedade composta de um sem-número de associações, unidas entre si pela produção agrícola, industrial, intelectual e artística; comunas com a finalidade de consumo, que se encarregariam de alojar trabalhadores e suas famílias. Tais organismos não reconheceriam fronteiras e, muito ao contrário, pretendiam diluir as diferenças entre os produtores, que representavam o movimento inverso da consolidação do Estado-nação, hostis até mesmo a ele.

Kropotkin acreditava que essa nova sociedade: "[...] não seria traçada mais de formas determinadas e imutáveis; ela se modificaria constantemente, pois seria um organismo vivo, sempre em evolução." Os acontecimentos pareciam corroborar as teses mais otimistas. A experiência da Comuna, a própria AIT, que institucionalizara a cooperação entre os operários de vários países, indicavam os caminhos que, apesar de meros esboços de uma sociedade mais solidária e justa, eram ainda assim precondições indispensáveis aos avanços do proletariado.

Entusiasmado e convencido da necessidade de prover o anarquismo de uma sustentação científica e filosófica, para além dos aportes político e econômico, Kropotkin esforçou-se para encontrar nas ciências naturais as bases de análise distintas da metafísica ou da dialética utilizadas, então, para as ciências humanas. Diferente de Herbert Spencer, pretendia usar os exemplos das ciências naturais não como simples analogia, mas como base de indução aplicada às instituições humanas. Do conjunto de artigos dessa época, e ainda outros editados pela revista *Nineteenth Century*, de Londres, auxiliado por Reclus, publicaria posteriormente o livro *Apoio mútuo*.

Desde 1879, no periódico quinzenal *Le Révolté*, publicado em Genebra, Kropotkin vinha escrevendo artigos de grande importância. Muitos deles ajudaram a compor o volume intitulado *Palavras de um revoltado*, por iniciativa também de Reclus. Entretanto, o atentado seguido de morte do czar Alexandre II, em 1881, precipitou sobre os exilados russos na Suíça pesada repressão. Kropotkin foi expulso do país e se viu obrigado a retornar para a Inglaterra. A conjuntura era de ascensão da "propaganda pelo fato". No ano de 1878, nada menos do que quatro monarcar europeus sofreram atentados. No ano de 1881, um congresso na Inglaterra deliberou pela ação armada contra os governos e seus representantes. Por toda parte, e não apenas na Rússia, grupos de revolucionários brandiam punhais, empunhavam pistolas e declaravam o fim da velha sociedade. Revoltas camponesas aconteciam na Andaluzia e Irlanda, e círculos revolucionários foram organizados na Áustria e em outras partes da Europa central.

Na França, principalmente após a Federação Jurassiana, ter-se definido como anarquista-comunista, em 1880, o ideal libertário ganhou muitos partidários, o que coincidia com o retorno dos *communards* anistiados pelo governo francês,

INTRODUÇÃO

nesse mesmo ano, e com a morte de A. Blanqui que deixou muitos de seus partidários entregues à perplexidade e sem opção ideológica clara. A social-democracia alemã e o partidarismo eleitoral ganharam alguns adeptos entre os antigos seguidores de Blanqui, embora tenham passado a figurar secundariamente nos meios revolucionários. O quadro geral favorecia, assim, o fomento do anarquismo. Métodos como o da ação direta, boicote, sabotagem, de resto tão familiares ao operariado europeu, encontraram no anarquismo uma correspondência filosófica e política. Era o momento, então, de, segundo alguns anarquistas, garantir o nexo que ligava o pensamento libertário aos ideais socialistas sistematizados pela AIT.

Na cidade de Lyon, uma crise na indústria de seda e nas minas arrastou para a pobreza um grande número de trabalhadores. Os anarquistas, que não cansavam de denunciar os políticos oportunistas, e a imprensa, que apenas superficialmente falava dos problemas sociais, misturavam-se com a massa de descontentes. Assim, após a explosão de dois cartuchos de dinamite, o primeiro no café do subsolo do Teatro Bellecour, e o segundo, em um departamento da burocracia governamental, passou a correr o boato de que os anarquistas tencionavam dinamitar a estátua da Virgem, que se encontrava no topo de uma colina da cidade. Cerca de sessenta anarquistas foram presos. Kropotkin, que se encontrava na cidade de Thonon, em Saboia, apontado como chefe da "conspiração" pelas autoridades foi detido no fim de 1882 e levado a Lyon. E uma vez que não existiam provas da culpabilidade dele ou dos demais implicados no caso da explosão das dinamites, foram acusados de serem membros da Internacional. Uma outra lei, promulgada após a Comuna, permitia encarcerar por até cinco anos os membros da AIT. Condenados, ele e os outros anarquistas cumpriram penas em Lyon e na Prisão Central de Clairvaux. No processo estava Émile Gautier, e, em favor de Kropotkin, pronunciaram-se publicamente Spencer, Swinburne, Victor Hugo, Renan, entre outros intelectuais. Kropotkin sairia da prisão em 1886.

Uma vez em liberdade, passou por Paris, onde, com satisfação, pôde constatar o crescimento do anarquismo. Nos salões da cidade, Louise Michel arrebatava multidões e, mesmo entre os mais conservadores, ganhava respeito. O próprio Kropotkin fez conferência nessa ocasião, na qual o público podia ser contado às centenas. Mas o governo russo, por meio da imprensa francesa, não cessava de hostilizar os exilados e, por força das circunstâncias, Kropotkin acabou retornando à Inglaterra.

Após anos de afastamento, o panorama inglês havia se alterado. Uma imensa crise social espalhara por praças e demais logradouros públicos centenas de desocupados. Motins sacudiam Londres. Operários desempregados das docas e da construção civil, formando turbas enfurecidas, lançavam pedras arrancadas do pavimento contra as vitrines das lojas. No setor mais pobre, o *East End*, em 1886, a miséria era contida apenas pelas contribuições organizadas pela classe média assustada com a possibilidade de um levante ainda maior e definitivo da massa de desocupados. O terror da *mob*, o populacho, em marcha contra a ordem, lembrava o "Grande medo" que precedeu a Revolução Francesa.

Kropotkin percorreu as várias cidades da Inglaterra e da Escócia para divulgar os preceitos do anarquismo. Quando havia interesse, falava para plateias das mais diversas origens, mesmo para a burguesia com pretensões reformistas. Para os operários, discorria sobre a possibilidade da socialização dos meios de produção e o fim do Estado. Na esteira dos acontecimentos, os anarquistas passaram a publicar a revista comuno-anarquista *Freedom*. A edição da revista acabou publicando novos artigos seus sobre o anarquismo, uma vez que em Clairvaux pouco escrevera sobre o tema. Na França, continuava a colaborar com o periódico *La Révolte*, uma vez que o antigo *Le Révolté* fora proibido de circular por fazer propaganda antimilitarista. Este jornal mudaria ainda mais uma vez de nome, e com o ingresso de Jean Grave, passaria a ser editado com o nome de *Temps Nouveaux*.

Na década de 1890, com a proliferação de atentados individualistas, como os dos anarquistas Emile Henry e Ravachol, na França, a posição pública de Kropotkin foi de crítica respeitosa. Nesse período, acreditava que os anarquistas podiam fazer melhor propaganda ideológica dentro das organizações de classe. Diferente de anos anteriores, quando a repressão à Comuna havia resultado na proibição da formação de sindicatos de feição revolucionária, os trabalhadores podiam agora reiniciar as suas atividades de organização. E, segundo ele e outros, aquele era o momento de o anarquismo ganhar uma base social mais definida. O que mais tarde seria chamado de "sindicalismo revolucionário" dava seus primeiros passos.

Entretanto, as deliberações do Congresso de 1881, que havia consagrado os atentados como tática, acabaram, por outro lado, diminuindo a importância do papel da organização no campo libertário. Uma certa aversão à formalização de alianças e acordos políticos mais definidos, dificultava ações mais propositivas e de maior alcance.

Nos anos que se seguiram, Kropotkin fez ainda algumas incursões à França, Suíça e Estados Unidos. E, entre os anos de 1886 e 1901, escreveria os principais artigos dos livros *A conquista do pão*, talvez sua obra mais popular; *Campos, fábricas e oficinas*, *A grande revolução*, um trabalho histórico sobre a Revolução Francesa, *Em torno de uma vida*, suas memórias, *Ciência moderna e anarquismo* e a *A moral*.

Seu prestígio crescera muito, mesmo entre os cientistas não engajados. Fora convidado a assumir uma cátedra em Cambridge, o que acabou declinando, uma vez que tal posição exigiria dele uma participação mais discreta em assuntos ligados ao movimento social no país. Não era a primeira vez que recusava uma posição de destaque no universo acadêmico. Kropotkin percebera que a estabilidade profissional, ao menos aquela que lhe daria reconhecimento, era incompatível com as tarefas assumidas pelo militante. Por assim pensar, viveu até a sua morte de artigos que escrevia e de outros serviços prestados graças ao seu vastíssimo conhecimento das ciências naturais.

Em 1905, após a derrota da Rússia na guerra com o Japão pelos domínios a leste do Império, uma grande crise social levou às ruas camponeses e operários. No calor do movimento, sob repressão e com manifestações dissolvidas por cargas de cavalaria e sabres que fizeram encontrar a morte um sem-número de trabalhadores, os revolucionários lograram construir o primeiro soviete. O novo órgão era uma unidade organizativa, um conselho de operários e soldados insurgentes que catalisava todo o acúmulo de experiências autônomas dos produtores russos. Emblematicamente, foi em São Petersburgo que os revolucionários de 1905 criaram o primeiro soviete. De Londres, Kropotkin colaborou como possível, escrevendo artigos, recebendo exilados e estimulando contribuições. As listas eram enviadas para todas as partes do mundo onde houvesse algum grupo organizado para o recolhimento do precioso auxílio pecuniário. No Brasil, também, os anarquistas deram mostras de solidariedade aos revolucionários russos. Neno Vasco, um português radicado em São Paulo, coordenou a arrecadação dos valores enviando-os à Europa.

Alguns poucos anos depois, quando já na Rússia as jornadas de 1905 haviam perdido parte da virulência inicial, uma nova disposição tomava conta dos anarquistas. No Congresso de Amsterdã, de 1907, duas opiniões dividiam as plenárias e arrebatavam os espíritos militantes. A questão girava em torno do sindicalismo, ou mais especificamente do "sindicalismo revolucionário". Pierre Monatte, jovem sindicalista, defendia a tese de que o sindicalismo se bastava, era uma corrente dentro do anarquismo, convertendo-se de tática em estratégia. Na outra tribuna, o veterano internacionalista Malatesta afirmava que, a despeito de ser fundamental o ingresso nos sindicatos, eram eles, ainda assim, apenas o meio para se implantar a anarquia. Desde 1905, Kropotkin vinha insistindo com os jovens russos na tese de que os anarquistas deveriam fundar sindicatos autônomos. Ele temia o crescimento das vertentes antiorganizacionistas, expropriacionistas e individualistas que na França eram muito populares. Os sindicatos seriam, ainda segundo ele, as células da nova sociedade, uma forma de luta também contra a social-democracia no país.

No ano de 1907, em carta a Guillaume, afirmava que os anarquistas haviam cavado seu espaço na sociedade pela dinamite, mas agora: "se dirigiam aos sindicatos a fim de estabelecer neles um campo para nossas ideias". No mesmo ano, prefaciando a edição russa do opúsculo de Goghelia, sobre sindicalismo, acrescentava:

A ligação estreita entre a ala esquerda da Internacional (os bakuninistas) e o sindicalismo presente, a ligação estreita entre sindicalismo e anarquismo e a contradição de ideias entre o marxismo e a social-democracia e o sindicalismo são ressaltadas por meio dos fatos citados neste trabalho.

Goghelia citava Yvetot quando dizia que o sindicalismo anarquista coincidia "totalmente com o anarquismo federalista de Bakunin". F. Pelloutier, o principal dinamizador das Bolsas de Trabalho, na França, adotou a mesma posição ao afirmar que os sindicalistas continuavam a obra de Bakunin ao investirem na educação dentro dos órgãos de classe.

Kropotkin, sobre o assunto, aproximava-se muito de Malatesta quando este saudava os sindicatos como instâncias privilegiadas na luta direta contra o capital; mas que era necessário – como fizera Bakunin ao fundar a Aliança da Democracia Socialista no interior da AIT – um órgão ideológico para inspirar os trabalhadores quanto ao ateísmo, o socialismo anarquista e a revolução. Para esses libertários, as soluções não apareceriam automaticamente com a simples união de operários em torno de suas necessidades imediatas. Esse motivo era aparente, que aglutinava as forças pela condição econômica. Na realidade, uma minoria ativa deveria, pela educação e exemplo, fomentar no interior das entidades de classe a "vontade" revolucionária, a ação, e evocar princípios e práticas que ensejassem a grande ruptura. Esse era o sentido da própria organização.

Entre 1909 e 1910, estimulado pelas rebeliões e greves na Espanha, no México e pela guerrilha na Rússia, Kropotkin escrevia para os jornais textos de combate. Com entusiasmo, asseverava a necessidade de estarem prontos os revolucionários para a tarefa longa e penosa, entretanto fundamental, de preparo da revolução. Acreditava que os primeiros abalos poderiam derrubar governos ou tornar propícia a conjuntura para uma série de outros levantes com o mesmo caráter, mas era imprescindível certa diligência dos libertários na pavimentação da estrada que deveria conduzir ao comunismo anarquista. Nos anos seguintes, principalmente após as hostilidades entre Turquia e Itália, iniciadas em 1911, o mundo entrava em uma espiral de conflitos que terminaria com a eclosão da Primeira Grande Guerra, em agosto de 1914.

A guerra abriu uma grande fenda no bloco libertário. Alguns anarquistas de prestígio, entre os quais estavam Kropotkin, J. Grave, Ch. Malato, Marc Pierrot, P. Reclus, C. Cornelissien, A. Laisant e W. Tcherkessoff, entendiam ser necessário escolher um dos lados, no caso, o da França, contra o ameaçador poderio bélico germânico. Os argumentos destes, expostos no Manifesto dos Dezesseis, de 14 de março de 1916, afetaram o movimento anarquista muito mais no plano interno do que nas tarefas assumidas no interior dos sindicatos. Apesar da inquestionável importância dos signatários, suas opiniões não tiveram força suficiente para arrebanhar grande número de militantes. Malatesta, que logo nos primeiros meses da guerra havia se colocado contra ambos os blocos, insistindo na tese de ser o conflito uma tragédia fratricida, que desviava os operários do caminho da solidariedade internacional em favor de uma agenda burguesa e nacionalista, chamou os aliadófilos[1] de "anarquistas de governo".

Em 1917, entusiasmado com a revolução em marcha na Rússia, Kropotkin regressa em junho, estabelecendo-se primeiro em Petrogrado, depois em Moscou. Graças a seu prestígio, foi procurado até por Alexandre Kerenski. Deu apoio a todas as iniciativas que buscavam consolidar o processo revolucionário e, após o golpe bolchevista de outubro, foi morar em Dimitrov, cidadezinha nas cercanias de Moscou. Apesar de bastante afetado pelas enfermidades e da idade avançada, Kropotkin negava-se a receber as poucas vantagens oferecidas pelo novo governo. Igual postura assumia face às homenagens prestadas a ele no soviete, de Dimitrov, assim como em outras partes da Rússia. Um certo ascetismo revolucionário, muito próprio de anarquistas daquele período – outro grande exemplo seria Tolstói, falecido em 1910 – caracterizava a sua personalidade. Não podia mais que ninguém; a revolução que sonhara não era compatível com honrarias.

Sua chegada à Rússia deu ânimo a muitos grupos anarquistas que, em nebulosas organizativas, compunham o quadro geral revolucionário. Da Ucrânia, Nestor Makhno e os cossacos anarquistas comemoraram o retorno do "apóstolo máximo do anarquismo". Pretendiam encontrar-se com ele, saber das medidas práticas a serem tomadas. Makhno havia se formado com a leitura do livro fundamental *A conquista do pão* e esperava de seu autor os auspícios para as ações armadas na região de Gulai-Polie. Mas a distância e as atividades de Kropotkin, envolvido na Conferência Democrática Pan-Russa, afastaram essas duas gerações de libertários. Ainda

[1] Na Primeira Guerra Mundial, os partidários dos países aliados contra a Alemanha e o Império Austro-Húngaro.

assim, os ucranianos mantiveram o respeito ao homem que tinha dedicado toda uma vida à causa da revolução e que, se agora não estava com eles, era certamente por ser essa uma tarefa excessivamente penosa para suas exíguas forças físicas.

Após a revolução de outubro, a despeito das restrições de Kropotkin ao bolchevismo e de estarem alguns anarquistas amargando a privação da liberdade em calabouços do novo regime, buscou o diálogo com Lenin. O encontro, embora sem resultados práticos evidentes, serviu para que o líder comunista escutasse algumas ponderações sobre os excessos na condução da repressão política e os males da centralização. Kropotkin, ainda após a conversa, aconselhou os anarquistas a participar da reconstrução da Rússia ingressando nos sindicatos e apoiando as associações não vinculadas ao governo. Para os exilados, principalmente os jovens, recomendava que fizessem o mesmo nos países nos quais haviam se radicado. Mesmo reconhecendo os limites daquilo que se convencionava chamar processo revolucionário, repreendia os amigos quando estes criticavam em demasia as medidas de Lenin, temendo muito mais o triunfo dos reacionários do exército branco ou das coligações de países capitalistas que ameaçavam as conquistas dos trabalhadores russos.

No geral, entretanto, ele diria sobre o governo revolucionário, em comunicado aos operários da Europa ocidental, publicado pela primeira vez em inglês, em julho de 1920, o seguinte:

Um governo central não pode realizar a imensa tarefa construtiva que exige uma revolução social, ainda que o guiasse algo mais substancial que uns quantos manuais socialistas e anarquistas. É necessário o conhecimento, a inteligência e a colaboração voluntária de um exército de forças locais e especializadas que só pode abordar a diversidade dos problemas econômicos em seus aspectos locais. Rechaçar esta colaboração e confiar tudo ao gênio de ditadores de partido é destruir os centros independentes de nossa vida, os sindicatos e as organizações cooperativas locais, convertendo-as em

INTRODUÇÃO

órgãos burocráticos do partido, como acontece neste momento. É esta a forma de *não* se fazer uma revolução, tornando impossível sua realização. E por isso considero um dever nos colocarmos em guarda contra a confiança em tais métodos.

Apesar da disposição para a luta, os desgastes de toda uma vida de privações levaram Kropotkin à morte, tragado por uma pneumonia, no dia 8 de fevereiro de 1921.

No ano da ruptura final entre anarquistas e bolchevistas, emblematicamente representado pelo ataque que empreendeu Trotski à base naval de Kronstadt, baixou à terra gelada o seu modesto féretro. A família e os camaradas fizeram-lhe a vontade. As honrarias oficiais foram rechaçadas e o velório aconteceu na Central de Sindicatos, em Moscou. No caminho para o cemitério, bandeiras negras tremulavam, faixas pedindo liberdade para os presos anarquistas denunciavam o regime carcerário, uma longa fila de aproximadamente 20 mil pessoas serpenteavam pelas ruas em um dia tão frio que impossibilitou a execução de qualquer hino ou marcha por estarem os instrumentos musicais congelados. No momento do sepultamento, Emma Goldman, além de diversos representantes de grupos anarquistas, discursaram sob impressionante clima de emoção. Estudantes e sociedades científicas prestaram homenagens, e todos afinal, até mesmo o governo, estiveram presentes naquela que se tornaria a última grande manifestação pública de anarquistas em Moscou antes das mais arrebatadas ondas de repressão.

A geração de Kropotkin destacou-se da sua anterior, aquela na qual pontificou Bakunin, entre outras questões por pensar o anarquismo como o próprio comunismo. Divergiam da fórmula coletivista que, em exposição simplificada, afirmava só ter direito aos bens e gêneros básicos à sobrevivência aquele indivíduo que, uma vez reconhecido participante do universo de produtores, compartilhasse com os demais algum fruto de seu trabalho, equação que foi resumida algumas vezes através da assertiva: "quem não trabalha não come". Para Kropotkin, assim como para Malatesta e outros que passaram aos meios doutrinários como comunistas anarquistas, a concepção mais adequada seria aquela a partir da qual tudo deveria ser partilhado com todos: "de cada um segundo as suas possibilidades; a cada um segundo as suas necessidades". Malatesta chegou mesmo a atenuar tal perspectiva ao afirmar que, em caso de racionamento ou em situação adversa de revolução, ambas as concepções, a coletivista e a comunista, poderiam ser aplicadas de acordo com o caso.

De qualquer forma, foi para responder a tais questionamentos, utilizando, se preciso fosse, bases materiais, muitas delas caras às ciências naturais, que Kropotkin escreveu seus textos para a orientação das atividades dos anarquistas. Comunista anarquista, pretendia em linhas simples, sem abrir mão de certa erudição, orientar os libertários para organizarem e tomarem os meios de produção durante e depois da revolução. Seus escritos buscavam alinhavar conceitos e, com paciência de cerzideira, uni-los a um sentido prático que ia desde alvitres sobre a comunhão pelo casamento, passando ainda pelas necessidades básicas a serem atendidas durante a ruptura social. Uma coluna vertebral ética fornecia aos textos de Kropotkin a ossatura necessária. Com estilo e leveza, fazia passar pelas linhas que escrevia a energia e a ação que não apenas evidenciou na sua vida mas que, como um fervoroso defensor da organização, tentou imprimir a todos os momentos de relevo do anarquismo.

Assim, os textos aqui expostos, tanto como doutrina ou combate, podem oferecer uma excelente demonstração da força de um clássico do anarquismo. Em todos, rigorosamente em todos, pode-se sentir a emoção da barricada ou, no melhor sentido da tradição utópica e revolucionária que tão bem souberam nos legar os dois últimos séculos, os argumentos que possibilitam a mobilização de corações e mentes para as grandes mudanças sociais. Sem a pretensão de inaugurar uma grande filosofia da história, foram os anarquistas como Kropotkin que produziram aquilo que se tornou o anarquismo: uma teoria revolucionária que, antes de desvendar algum mistério ou meandro do destino dos homens, existe para a transformação da realidade, serve como azimute para o sonho e bússola para a liberdade.

O PRINCÍPIO ANARQUISTA
E OUTROS ENSAIOS

O PRINCÍPIO ANARQUISTA

EM SEUS COMEÇOS, a anarquia apresentou-se como uma simples negação. Negação do Estado e da acumulação pessoal do capital. Negação de toda espécie de autoridade. Negação ainda das formas estabelecidas da sociedade, embasadas na injustiça, no egoísmo absurdo e na opressão, bem como da moral corrente, derivada do Código Romano, adotado e santificado pela Igreja cristã. Foi nessa luta, engajada contra a autoridade, nascida no próprio seio da Internacional, que o partido anarquista constituiu-se como partido revolucionário distinto.

É evidente que espíritos tão profundos quanto Godwin, Proudhon e Bakunin, não podiam limitar-se a uma simples negação. A afirmação — a concepção de uma sociedade livre, sem autoridade, avançando para a conquista do bem-estar material, intelectual e moral — seguia de perto a negação; ela era a sua contrapartida. Nos escritos de Bakunin, tanto quanto naqueles de Proudhon, e também de Stirner, encontramos profundas considerações relativas aos fundamentos históricos da ideia anti-autoritária, a parte que ela desempenhou na história, e aquela que deverá desempenhar no desenvolvimento futuro da humanidade.

"Nada de Estado" ou "nada de autoridade", malgrado sua forma negativa, tinha um profundo sentido afirmativo em suas bocas. Era um princípio filosófico e prático, significando ao mesmo tempo que todo o conjunto da vida das sociedades, tudo — desde as relações cotidianas entre indivíduos até as grandes relações das raças para além dos oceanos — podia e devia ser reformado, e o seria necessariamente, cedo ou tarde, segundo os princípios da anarquia: a liberdade plena e completa do indivíduo, os grupamentos naturais e temporários, a solidariedade, passada ao estado de hábito social.

Eis por que a ideia anarquista apareceu de repente grande, irradiante, capaz de arrebatar e inflamar os melhores espíritos da época.

Pronunciemos a palavra, ela era filosófica.

Hoje, riem da filosofia. Entretanto, não riam no tempo do *Dicionário filosófico*, de Voltaire, que, colocando a filosofia ao alcance de todos e convidando todos a adquirir noções gerais de todas as coisas, fazia uma obra revolucionária, da qual encontramos os vestígios, na sublevação do campo, nas grandes cidades de 1793 e no entusiasmo ardente dos voluntários da Revolução. Naquela época, os esfomeadores temiam a filosofia.

Mas os curas e os homens de negócios, ajudados pelos filósofos universitários alemães, servindo-se de jargão incompreensível, conseguiram à perfeição tornar a filosofia inútil, se não ridícula. Os curas e seus adeptos tanto disseram que a filosofia é besteira, que os ateus acabaram por crer nisso. E os especuladores burgueses — os oportunistas brancos, azuis e vermelhos — tanto riram do filósofo, que os homens sinceros caíram na esparrela. Qual especulador da bolsa, qual Thiers, qual Napoleão, qual Gambetta não repetiu isso para facilitar seus negócios? Assim, a filosofia é razoavelmente desprezada hoje.

Pois bem, o que quer que digam os curas, os homens de negócios e aqueles que repetem o que aprenderam, a anarquia foi compreendida por seus fundadores como uma grande ideia filosófica. Ela é, com efeito, mais do que uma simples causa de tal ou qual ação. Ela é um importante princípio filosófico. É uma visão de conjunto que resulta da autêntica compreensão dos fatos sociais, do passado histórico da humanidade, das verdadeiras causas do progresso antigo e moderno. Uma concepção que não se pode aceitar sem sentir modificarem-se todas as nossas apreciações, grandes ou pequenas, dos grandes fenômenos sociais, bem como das pequenas relações entre nós todos em nossa vida cotidiana.

Ela é um princípio de luta de todos os dias. E se é um princípio nessa luta, é porque resume as aspirações profundas das massas, um princípio, falseado pela ciência estatista e pisoteado pelos opressores, mas sempre vivo e ativo, sempre criando o progresso, malgrado e contra todos os opressores.

Ela exprime uma ideia que, em todos os tempos, desde que existem sociedades, buscou modificar as relações mútuas, e um dia as transformará, desde aquelas que se estabelecem entre homens encerrados na mesma habitação, até aquelas que pensam estabelecer-se em grupamentos internacionais.

Um princípio, enfim, que exige a reconstrução de toda a ciência física, natural e social.

***

Esse lado positivo e reconstrutor da anarquia não cessou de desenvolver-se. E, hoje, a anarquia tem de carregar sobre seus ombros um fardo bem maior do que aquele de seus começos.

Já não é uma simples luta contra camaradas de oficina que se arrogaram uma autoridade qualquer num agrupamento operário. Não é mais uma simples luta contra chefes de outrora, nem mesmo uma simples luta contra um patrão, um juiz ou um policial.

É tudo isso, sem dúvida, pois sem a luta de todos os dias, para que chamar-se revolucionário? A ideia e a ação são inseparáveis, se a ideia tem ascendência sobre o indivíduo; e, sem ação, a própria ideia atrofia-se.

É ainda bem mais do que isso. É a luta entre dois grandes princípios que, em todos os tempos, encontraram-se em oposição na sociedade: o princípio de liberdade e aquele de coerção. Dois princípios que, neste momento, inclusive, vão de novo engajar uma luta suprema, para chegar necessariamente a um novo triunfo do princípio libertário.

O PRINCÍPIO ANARQUISTA

Observai à vossa volta. O que restou de todos os partidos que outrora se anunciaram como partidos eminentemente revolucionários? — Só dois partidos estão em oposição: o partido da coerção e o partido da liberdade; os anarquistas, e, contra eles, todos os outros partidos, qualquer que seja sua etiqueta.

É que, contra todos esses partidos, os anarquistas são os únicos a defender por inteiro o princípio da liberdade. Todos os outros gabam-se de tornar a humanidade feliz mudando ou suavizando a forma do açoite. Se eles gritam "abaixo a corda de cânhamo da forca", é para substituí-la pelo cordão de seda, aplicado no dorso. Sem açoite, sem coerção, de um modo ou de outro, sem o açoite do salário ou da fome, sem aquele do juiz ou do policial, sem aquele da punição sob uma forma ou outra, eles não podem conceber a sociedade. Só nós ousamos afirmar que punição, polícia, juiz, salário e fome nunca foram, e jamais serão, um elemento de progresso; e se há progresso sob um regime que reconhece esses instrumentos de coerção, esse progresso é conquistado *contra* esses instrumentos, e não *por* eles.

Eis a luta em que nos engajamos. E qual jovem coração honesto não baterá com a ideia de que ele também pode vir tomar parte nessa luta, e reivindicar contra todas as minorias de opressores a mais bela parte do homem, aquela que fez todos os progressos que nos cercam e que, malgrado isso, por isso mesmo, foi sempre pisoteada!

Mas não é tudo!

Desde que a divisão entre o partido da liberdade e o partido da coerção tornou-se cada vez mais pronunciada, este último agarra-se cada vez mais nas formas moribundas do passado.

Sabe que tem diante de si um princípio poderoso, capaz de dar uma força irresistível à revolução, se um dia for bem compreendido pelas massas. E ele trabalha para apoderar-se de cada uma das correntes que formam juntas a grande corrente revolucionária. Põe a mão sobre o pensamento comunalista que se anuncia na França e na Inglaterra. Busca apoderar-se da revolta operária contra o patronato que se produz no mundo inteiro.

E, em vez de encontrar auxiliares nos socialistas menos avançados que nós, encontramos neles, nessas duas direções, um adversário astuto, apoiando-se sobre toda a força dos preconceitos adquiridos, que faz desviar o socialismo para vias oblíquas e que acabará por apagar até o sentido socialista do movimento operário, se os trabalhadores não perceberem a tempo e não abandonarem seus atuais formadores de opinião.

O anarquista vê-se, assim, forçado a trabalhar sem descanso e sem perda de tempo em todas essas direções.

Deve fazer sobressair a parte grande, filosófica, do princípio da anarquia. Deve aplicá-la à ciência, pois, por isso, ele ajudará a remodelar as ideias: ele combaterá as mentiras da história, da economia social, da filosofia, e ajudará aqueles que já o fazem, amiúde inconscientemente, por amor à verdade científica, a impor a marca anarquista ao pensamento do século.

Deve apoiar a luta e a agitação de todos os dias contra opressores e preconceitos, manter o espírito de revolta em toda a parte onde o homem sente-se oprimido e possui a coragem de revoltar-se.

Deve fazer fracassar as espertas maquinações de todos os partidos, outrora aliados, mas hoje hostis, que trabalham para fazer desviar para vias autoritárias, os movimentos nascidos como revolta contra a opressão do capital e do Estado.

E, enfim, em todas essas direções, ele deve encontrar, adivinhar pela própria prática da vida, as novas formas que os grupamentos, sejam de ofício, sejam territoriais e locais, poderão assumir numa sociedade livre, liberta da autoridade dos governos e dos esfomeadores.

A grandeza da tarefa a ser realizada não é a melhor inspiração para o homem que sente a força de lutar? Não é, também, o melhor meio para apreciar cada fato separado que se produz na corrente da grande luta que devemos sustentar?

FATALIDADE DA REVOLUÇÃO

O QUE APAVORA um grande número de trabalhadores e os afasta das ideias anarquistas é essa palavra *revolução*, que lhes faz entrever todo um horizonte de lutas, combates e sangue vertido, que os faz tremer à ideia de que um dia eles poderão ser forçados a ir para as ruas e combater um poder que lhes parece um colosso invulnerável contra o qual é inútil lutar violentamente, e que é impossível vencer.

As revoluções passadas, que se voltaram todas contra seu objetivo e o deixaram sempre tão miserável quanto antes, contribuíram em muito também para tornar o povo cético em relação a uma nova revolução. Para que combater e fracassar, diz-se, para que um bando de novos intrigantes para nos explorar no lugar daqueles que estão no poder atualmente; seria muito idiota. E, choramingando por sua miséria, murmurando contra os blefadores que o enganaram com promessas que nunca cumpriram, tapa os ouvidos contra os fatos que lhe gritam a necessidade de uma ação viril, e cerra os olhos para não ter de encarar a eventualidade da luta que se prepara; esconde-se em seu pavor pelo desconhecido; desejaria uma mudança que reconhece inevitável. Ele bem sabe que a miséria que grassa ao seu redor o alcançará amanhã e o enviará, ele e os seus, a aumentar a massa de famintos que vivem da caridade pública; mas espera que ajudas providenciais evitarão que saia às ruas, e, então, agarra-se com todas as suas forças àqueles que lhe fazem esperar essa mudança sem luta e sem combate; aclama os que zombam do poder, fazem-lhe esperar reformas, fazem-lhe entrever toda uma legislação em seu favor, lamentam sua miséria e prometem-lhe suavizá-la. Crê mais nestes do que naqueles que lhe falam de revolução?

FATALIDADE DA REVOLUÇÃO

É provável que não, mas eles lhe fazem esperar uma mudança sem que ele tenha de tomar parte diretamente na luta. Isso lhe basta no presente. Adormece em sua quietude, esperando vê-los em ação, para recomeçar suas queixas ao ver fugirem as promessas, distanciar-se a hora de sua realização. Até o dia em que, acuado pela fome, desgosto e indignação extrema, ver-se-ão nas ruas aqueles que, atualmente, parecem os mais longe de revoltar-se.

***

Para quem reflete e estuda os fenômenos sociais, com efeito, a Revolução é inevitável, tudo leva a ela, tudo contribui para isso. E embora a resistência governamental possa ajudar a adiar a data de sua eclosão, entravar seus efeitos, não pode impedi-la. Da mesma maneira que a propaganda anarquista pode apressar sua explosão, contribuir para torná-la eficaz, instruindo os trabalhadores sobre as causas de sua miséria, colocando-os em condição de superá-las, seria impotente para produzi-la, não fosse a organização social viciosa que sofremos.

Assim, quando os anarquistas falam de revolução, eles não se iludem a ponto de crer que é sua propaganda que levará os indivíduos a ir às ruas, a revolver os paralelepípedos e a atacar o poder e a propriedade, e que só por sua palavra irá inflamar as multidões a ponto de elas se levantarem em massa e atacar o inimigo. Os tempos já não são aqueles em que o povo inflamava-se com a voz dos tribunos e revoltava-se com seus acentos.

Nossa época é mais positiva; são necessárias causas, circunstâncias para que o povo revolte-se. Hoje os tribunos estão bem mais reduzidos e são apenas a representação — mais ou menos fiel — do descontentamento popular, não são seus inspiradores. Se os anarquistas reivindicam a revolução não é porque esperam que a multidão irá para as ruas e ganhará voz, mas apenas porque esperam que compreendam que é inevitável preparar-se para essa luta e que não a encarem mais com temor, mas habituem-se a ver na revolução sua liberação. Ora, esse positivismo da multidão tem de bom o fato de afastar os fanfarrões; caso se deslumbre por eles, logo se afastará; no fundo, ela só busca uma coisa, sua liberação; e discute as ideias que lhe são apresentadas. Pouco importa que a multidão se engane, sua educação faz-se todos os dias, e ela se torna cada vez mais cética em relação àqueles que se conclamam momentaneamente seus salvadores.

Não se cria nem se improvisa a revolução, ela é um fato incontestável para os anarquistas; para eles, é um fato matemático, decorrendo da má organização social atual; seu objetivo é que os trabalhadores sejam bem instruídos sobre as causas de sua miséria para que saibam aproveitar a revolução que fatalmente realizarão, e que evitem ter os frutos arrancados pelos provocadores de intrigas que buscarão substituir os governantes atuais, a fim de trocar, sob diferentes nomes, um poder que seria apenas a continuação daquele que o povo viria a derrubar.

***

Com efeito, para quem reflete, é evidente que a situação não pode prolongar-se indefinidamente, e que tudo nos leva a um cataclismo inevitável.

Não adianta o Estado aumentar sua polícia, seu exército, seus empregos; os aperfeiçoamentos proporcionados pela ciência, o desenvolvimento do instrumental mecânico jogam todos os dias um novo contingente de trabalhadores desocupados nas ruas, e o exército dos famintos cresce cada vez mais, a vida torna-se a cada dia mais difícil, maior o número de desempregados e cada vez mais longos os períodos de desemprego.

As conquistas coloniais às quais se entregava a burguesia a fim de criar novos mercados tornam-se dia após dia mais difíceis; os antigos mercados tornam-se, por sua vez, produtores, contribuem para a saturação dos produtos. Os *crashs* financeiros proporcionam o fluxo de capitais para as mãos de uma minoria sempre menor e lançam sobre o proletariado alguns pequenos capitalistas, alguns pequenos industriais. Não está distante o tempo em que aqueles que temem a revolução começarão a encará-la com menos temor e a desejá-la com todo ardor. E, nesse dia, a revolução estará no ar, e bastará pouca coisa para que ecloda, provocando, em seu turbilhão, o assalto do poder e a destruição dos privilégios por aqueles que atualmente só a encaram com temor e desconfiança.

O DIA SEGUINTE À REVOLUÇÃO

Uma das principais objeções feitas às ideias anarquistas é que não seria possível a uma nação viver em anarquia, visto que teria incialmente de defender-se das outras potências coligadas contra ela e também combater os burgueses que seguramente tentariam recuperar a autoridade a fim de restabelecer a sua dominação. Que, para remediar esse estado de coisas, seria preciso absolutamente conservar o exército e um poder centralizador, e só ele poderia conduzir a bom termo essa tarefa. É um período transitório, dizem, que se deve absolutamente atravessar, pois só assim pode haver a possibilidade de as ideias anarquistas se implantarem.

Se os que fazem tais objeções quisessem se dar conta do que poderia ser, do que deve ser uma revolução social, perceberiam que logo cai por terra sua posição e que os meios transitórios que postulam resultariam no estrangulamento da revolução que teriam por tarefa realizar.

Tendo em vista todas as instituições, todos os preconceitos que a revolução social deverá abater, é bem evidente que ela não poderá ser a obra de dois ou três dias de luta, seguidos de uma simples transmissão de poderes, como o foram as revoluções políticas precedentes. Para nós, a revolução social a ser feita apresenta-se sob o aspecto de uma longa sequência de lutas, de transformações incessantes que poderão durar longos anos, em que os trabalhadores, derrotados num lado, vencedores no outro, chegarão gradualmente a eliminar todos os preconceitos, todas as instituições que os esmagam, e em que a luta, uma vez começada, só poderá chegar ao fim quando, tendo finalmente destruído todos os obstáculos, a humanidade puder evoluir livremente.

Para nós, tal período transitório que os ávidos pelo governamentalismo querem a todo custo passar, para justificar a autoridade da qual dizem necessitar a fim de assegurar o sucesso da revolução, será justamente o período de luta necessário para que as ideias, já com bastante força, passem para o domínio dos fatos. Todos os outros meios transitórios preconizados são apenas uma maneira disfarçada de agarrar-se a esse passado que fingem combater, mas que veem fugir com dificuldade diante das ideias de justiça e liberdade.

***

Com efeito, é evidente que se a revolução eclodisse na França, por exemplo, — tomamos a França visto que estamos aqui, mas a revolução pode muito bem eclodir alhures —, e viesse a triunfar, os burgueses dos outros países não tardariam em forçar seus governos à guerra, guerra cem vezes mais terrível do que aquela declarada pela Europa monárquica à França republicana de 1789, e com toda a energia e os meios que dispusessem os revolucionários, não tardariam a sucumbir diante do grande número de adversários, suscitados por um medo visceral.

É preciso ser absolutamente visionário para supor que bastaria um governo para impedir a santa aliança dos burgueses ameaçados de perder seus privilégios. Esse governo só poderia se impor se renegasse sua origem revolucionária e empregasse as forças das quais disporia para reprimir aqueles que o tivessem levado ao poder. O que ocorreria infalivelmente, pois todo governo é retrógrado por ser a barreira que aqueles do presente impõem aos do futuro.

***

FATALIDADE DA REVOLUÇÃO

Assim, concebe errado a revolução social quem crê que ela possa se impor de uma só vez; é ainda mais equivocado crer que ela possa ocorrer e, sobretudo — se se produzisse — acreditar que poderia triunfar.

A revolução social só poderá triunfar propagando-se por toda a Europa. Ela só poderá impedir a aliança dos burgueses dando-lhes bastante ocupação para lhes retirar a vontade de ocupar-se com seus vizinhos. Os trabalhadores de uma nacionalidade só poderão triunfar e emancipar-se em seu país se os trabalhadores vizinhos também se emancipem. Só conseguirão livrar-se de seus senhores se os senhores de seus irmãos vizinhos não puderem socorrer outros senhores. A solidariedade internacional de todos os trabalhadores é condição *sine qua non* do triunfo da revolução. Tal é a rigorosa lógica das ideias anarquistas, estabelecidas como princípio e reconhecidas como verdade pela união de trabalhadores de todos os países, que se coloca desde o início como meio de luta e ideal.

***

Portanto, o primeiro trabalho dos anarquistas, quando eclodir um movimento revolucionário em algum lugar, deverá ser o de fazer eclodir outros mais distantes. Não por declarações impositivas, mas capazes de encorajar pelo exemplo e provocar o interesse desde o início pelo novo estado de coisas.

Assim, por exemplo, se uma tentativa de realização comunista anarquista fosse implementada num grande centro qualquer, desde o começo seria preciso procurar fazer com que os trabalhadores dos campos circundantes interessassem-se, enviando-lhes de imediato todos os objetos necessários para a existência: móveis, roupas, ferramentas agrícolas, objetos de luxo, se for preciso, que existem ao montes nas lojas das grandes cidades; pois contentar-se em enviar proclamações que não serão seguidas de qualquer maneira, não os conduzirá à revolução. Todavia, se ao incitar a revolta fossem-lhes enviados os objetos dos quais são privados, sem dúvida nenhuma eles se interessariam pela revolução e dela tomariam parte, pois nela encontrariam de imediato uma melhoria em sua condição, e seria então possível fazer-lhes compreender que sua emancipação só é possível com a dos trabalhadores das cidades.

É evidente que, encarada desse ponto de vista, a revolução social apresenta-se a nós como uma longa sequência de movimentos sucedendo-se uns aos outros, sem outro laço entre eles senão o objetivo a alcançar. Poderá ocorrer que esse movimento seja sufocado na cidade antes que o campo tenha respondido aos acenos dos promotores do movimento e sublevado-se para apoiá-los, mas ela bem poderia fazê-lo quando os reacionários tentassem retomar-lhe o que os revolucionários lhe tivessem dado. Em seguida, o exemplo é contagioso. Esses atos, de resto, só se realizam quando as ideias estão no ar e disseminadas por toda parte. A um movimento sufocado numa localidade, dez outros responderão no dia seguinte. Uns serão completamente vencidos, outros obterão concessões, outros ainda se imporão e, de derrotas em vitórias, a ideia prosseguirá seu caminho até que ela se imponha definitivamente. Não pode haver período transitório. A revolução social é uma estrada a percorrer; deter-se no caminho equivaleria a recuar. Ela só poderá parar quando tiver realizado seu percurso e tiver alcançado o objetivo a conquistar: o indivíduo livre na humanidade livre.

TEORIA E PRÁTICA

Desses dois termos, o primeiro tem um sentido claramente determinado, enquanto o segundo presta-se a equívocos. Quando um conceito é realizado, posto em ação, diz-se que da teoria ele passa à prática. Há também, mas no sentido figurado, personagens que, sabendo aproveitar-se com leveza das situações diversas, dizem-se práticos; é precisamente desses últimos que se trata, pois são eles, sobretudo, que, sob mil aspectos, opõem uma força considerável aos movimentos revolucionários e retardam o progresso.

***

Nas artes, nas ciências ou em sociologia, quer se modifique, quer se destrua um sistema, um método ou uma organização, devemos sempre proceder logicamente se quisermos conquistar em definitivo a vitória.

Os anarquistas, é verdade, agiram assim. Depois de se terem questionado sobre as causas de onde decorria a monstruosidade denominada civilização, começaram por uma rigorosa análise da sociedade atual e chegaram a determinar as duas causas que corrompem a humanidade e fazem desviar as sociedades de sua verdadeira destinação: essas duas causas são a propriedade individual e a autoridade, sinônimo de tirania, pois é absolutamente impossível conceber um amo sem que existam escravos.

***

A quase totalidade dos crimes tem uma única causa: a posse e a fruição do que se cobiça; ora, como isso só é possível e realizável quando a fortuna sorri e, por outro lado, esta só se mostra boa moça para os poderosos, segue-se que dois tipos de loucura arrebatam a espécie humana: a do ouro e a das grandezas.

As leis — essa garantia daquele que possui contra o que nada tem — são feitas para justificar e legalizar os crimes dos poderosos e punir as faltas dos pequenos.

Os anarquistas, compreendendo que aí se encontrava o verdadeiro mal, desferiram golpes e mais golpes, e tão certeiros que, o que quer que se diga, a concepção anarquista, o "faz o que quiseres", está hoje colocada em todos os Estados.

Quando por observação profunda e sincera descobre-se o mal, deve-se perguntar quais são os melhores remédios a empregar e, sobretudo, aonde essa mudança deve conduzir. Com efeito, não se trata apenas de atacar uma sociedade madrasta para os melhores e os deserdados, é preciso conceber uma que seja isenta desses males. Isso é muito fácil. Todos querem o bem-estar. Isso é possível? Podemos responder corajosamente: sim. Os produtos agrícolas e industriais bastam amplamente a uma população duas vezes mais densa do que a que desperdiça ou vegeta na crosta terrestre. A miséria provém, então, do desperdício de uns e do açambarcamento dos outros.

Para evitar isso, o que se deve fazer? Abater a sociedade atual, desferir na propriedade individual e no princípio de autoridade um golpe em função do qual eles não possam mais se reerguer e, sobre as ruínas desse mundo pavoroso, criar um outro onde cada ser, trabalhando segundo suas aptidões, consumiria segundo suas necessidades.

As grandezas e a fortuna tornando-se inúteis, os crimes das quais eles são as causas, desapareceriam, e, por um funcionamento mais ou menos regular, os seres humanos chegariam à harmonia.

Para compreender isso, não é necessário ser excepcionalmente bem-dotado. Pois bem, as coisas não se passam assim! Enquanto todos os nossos esforços tendem a derrubar o mundo burguês, há pessoas entre nós, ou que se dizem tais, que nos opõem pretensos argumentos históricos, para concluir o quê? Que não se deve queimar as etapas e que, antes de chegar à anarquia, o povo deve limitar suas próximas revoluções às demarcações que sua imaginação ou seus caprichos tiverem traçado. Não é elogioso para esse povo do qual eles querem se servir, pois se compreenderam o problema sociológico, por que supõem que o povo é bastante estúpido e assaz parvo para não entendê-lo?

Quando se tem as mãos repletas de verdades, por que dissimulá-las?

Quem pode, desde hoje, indicar qual será a intensidade e a duração da evolução? Quem pode determinar se o período revolucionário será longo ou breve? Quem pode precisar o ponto culminante que alcançará a intuição plebeia durante esse período? Pretensioso e pedante seria aquele que pretendesse poder fazê-lo. Visto que isso é impossível, por que então criar uma quantidade de escolas tendo cada uma sua etapa, sua fase específica?

Não se pode negar que essa diversidade de escolas, cujos adeptos lutam às vezes entre si, seja uma causa de enfraquecimento das forças revolucionárias.

Duas pessoas, vivendo juntas, adquiriram um bilhete de loteria; o principal prêmio era um móvel. Retornando à casa, uma delas diz: "Se ganharmos o móvel, nós o colocaremos ali". A outra responde: "Não! Colocaremos aqui". Ambas não cederam e, de uma palavra a outra, acabaram por se esbofetear mutuamente... e elas não ganharam o móvel.

É bem possível que o mesmo fato se reproduza em período revolucionário, e os fasistas terão perdido por sua etapa! O que pode acontecer é que a torrente popular ultrapasse as demarcações pretensiosas de uns sem alcançar as ilusões dos outros. Mas o que há de fatal é que, sob pretexto de serem práticos, muitos abandonem o terreno revolucionário para lançar-se nas lutas eleitorais, nas quais o interesse pessoal não pode ser satisfeito senão em detrimento do interesse da massa.

Sob pretexto de serem práticos, ex-anarquistas estão na Câmara dos Deputados, outros querem chegar lá. Sob o pretexto de serem práticos, os possibilistas fizeram um pacto com a burguesia. Sob o pretexto de serem práticos, de concessões em concessões, chegam a aclamar Carnot e a tomar a defesa da própria burguesia; só falta um passo a dar, seguramente alguns "práticos" o darão.

Resta-nos ainda uma ilusão, para não dizer uma ingenuidade: é que aqueles que são de boa-fé, vendo que fazem o jogo da burguesia, servindo-se dos meios que asseguram a viabilidade de seus privilégios, romperão com esse método antirrevolucionário e virão ocupar nas fileiras obscuras da massa o lugar de onde poderão desenvolver no povo as teorias revolucionárias sob as quais sucumbirá a sociedade atual com seu cruel e triste cortejo de males.

EGOÍSMO OU SOLIDARIEDADE?

Tem-se o hábito de lançar, em vez de argumentos, palavras. Assim, acusam-nos — nós que, inspirando-nos no positivismo moderno, queremos reagir contra a economia e a filosofia pretensamente científicas, que, sobretudo pela obra de Marx e de seus discípulos, prevaleceram até o presente entre os socialistas e afetaram, inclusive, os anarquistas — de sentimentalismo, e creem esmagar-nos por esse opróbrio.

Sentimentalismo! Falais do princípio e da prática da solidariedade? Pois bem, seja. O sentimento foi em todos os tempos e ainda é a mais poderosa alavanca do progresso. É ele que eleva o homem acima dos interesses individuais momentâneos, ao menos acima de seus interesses materiais. É ele que une os oprimidos num único pensamento, numa única necessidade de emancipação. Foi ele que ensinou o homem a revoltar-se mesmo sem esperança de vencer, mas apenas para deixar atrás de si uma protestação, uma afirmação, um exemplo.

Além disso — e em todas as circunstâncias da vida —, os homens confraternizam pelo sentimento, mesmo quando a fria razão os divide.

***

A anarquia é a organização da solidariedade, assim como o Estado atual é o reinado do egoísmo. O egoísmo e a solidariedade são, o que quer que se diga, dois princípios contrários, antagonistas, sobretudo na sociedade atual.

Não se pode ser egoísta sem fazer mal a alguém ou a todos.

A razão disso é que o homem é um ser essencialmente sociável; que sua vida se compõe de fios inumeráveis que se continuam visível e invisivelmente na vida dos outros; que, enfim, ele não é um ser inteiro, mas uma parte integrante da humanidade. Não há linha de demarcação entre um homem e outro, nem entre o indivíduo e a sociedade: não há meu e teu moral, assim como não há teu e meu econômico.

Além de nossa própria vida, vivemos um pouco da vida dos outros e da humanidade. Em verdade, nossa vida é um pouco o reflexo daquela: não comemos, não passeamos, não abrimos os olhos à luz, não os cerramos para dormir sem ter as provas inumeráveis de nossa íntima ligação com uma multidão de nossos semelhantes que trabalham conosco e para nós, com os quais cruzamos a cada instante e que podemos considerar, de alguma forma, como parte de nós mesmos, como membros de nossa existência.

Isso explica outra questão: por que a vida não é tudo; por que deixa atrás de si lembranças, afeições, vestígios; por que vivemos todos, um pouco depois de nós.

Se o sol se extinguisse, sua luz nos iluminaria ainda por oito minutos. Semelhante fenômeno produz-se no mundo moral. Citemos um exemplo: nossos mártires de Chicago e da Rússia, que ainda vivem e viverão por muito tempo em nós e entre nós, e em toda a parte onde se encontram homens que pensam como nós.

***

Eis como entendemos o egoísmo e a solidariedade, sobretudo no meio social atual. Um é o lado pelo qual os homens dividem-se; o outro é o lado pelo qual se unem. Basta pensar nas circunstâncias de uma greve para se dar conta da diferença. Agora há um outro sentido para a palavra "egoísmo". Há aqueles que entendem por egoísmo o desejo do homem de satisfazer todas as suas necessidades. Nesse sentido, somos e devemos ser todos egoístas. O homem sadio o é mais que o enfermo.

Ninguém nos prega a maceração da carne, nem a poupança, nem a abstinência, nem o malthusianismo.

Os predicadores retrógrados dessas virtudes teologais querem mutilar o homem e degradá-lo moralmente, assim como querem rebaixar fisicamente a vida. Um homem intelectual e moralmente desenvolvido sente suas necessidades físicas mais que um outro, mas sente, além do mais, necessidades morais e sacrifica algumas vezes estas em detrimento das outras. O homem não vive apenas de pão, e aqueles que pregam o egoísmo, pregam, de um certo modo, a abstinência moral, o malthusianismo moral. O homem deve gozar não apenas fisicamente mas também moralmente, e se uma boa alimentação lhe é necessária, o sentimento da solidariedade, o amor pelos camaradas, a satisfação interior são-lhe ao menos igualmente necessários.

***

Dizem que todo homem é por natureza egoísta; que o próprio altruísta é um rematado egoísta, a solidariedade fundando-se num cálculo de interesse. Admitamos que isso seja assim, conquanto o argumento implique que o homem faça-se guiar desde o início pela razão em vez de seguir instintivamente os impulsos de seus sentimentos.

Mas, enfim, se mesmo esse cálculo egoísta existisse, de início, o caráter de utilidade desapareceria num certo momento da evolução da conduta moral.

Expliquemo-nos.

É possível que tenhamos sido levados a constituir uma amizade pelo prazer que experimentamos ao conversar com um homem inteligente, pela ajuda que nosso camarada poderia nos dar em algumas circunstâncias ou por um outro motivo qualquer. Mas acontece que após um certo tempo, esse motivo perde sua eficácia, desaparece, inclusive, e passamos a gostar de nosso camarada por ele mesmo. O efeito torna-se independente da causa, o sentimento enraíza-se em nós, e gostamos porque gostamos. É a perfeição do sentimento.

Do mesmo modo, podemos começar a amar uma pessoa do outro sexo só pela volúpia que ela nos provoca; mas quase sempre advém, sobretudo entre as pessoas cujo senso moral é desenvolvido, a transformação do amor sexual em amizade, sobrevivendo à velhice e à morte.

Acontece igualmente de nos ligarmos a um ideal.

Talvez, no começo, porque pensamos que sua ação poderia trazer felicidade a nós e aos nossos próximos; mas nós nos ligamos a esse ideal cada vez mais, até que amemos a ideia pela ideia, a ponto de sacrificar nossa vida e, às vezes, o que é mais forte, a reputação, o amor pelos pais, a felicidade das pessoas cujo destino está estreitamente ligado ao nosso.

Eis aí fatos que não podem ser negados.

Aqueles que reduzem o altruísmo a um cálculo; a abnegação, o sacrifício a uma satisfação; a amizade a uma conta aberta entre duas pessoas; enfim, tudo o que eleva o homem acima de sua individualidade numa miserável descoberta do próprio egoísmo, enganam-se sobre seus verdadeiros sentimentos, e correm o risco daquele que advertia falsamente de um perigo. Insinuam pouco a pouco no coração do homem o verdadeiro egoísmo, pois, segundo se diz, visto que a solidariedade nada mais é que egoísmo entendido de uma certa maneira, por que se dar ao trabalho de dedicar-se?

Visto que é preciso ser egoísta, sejamo-lo como homens razoáveis, sejamo-lo por uma razão evidente!

ESCRAVIDÃO, SERVIDÃO, SALARIADO

Sob esse título publicamos um excerto de um artigo do sr. Letourneau do *Dictionnaire des sciences anthropologiques*.[1] Nesse artigo, o sr. Letourneau demonstra que o salariado é apenas a transformação da escravidão, reconhece que é só de má vontade que os privilegiados renunciam a seus privilégios, que eles cedem o menos possível, retomando com uma mão o que lhes escapa da outra, e disso conclui que o salariado

[1] Paris, 1882. A obra também é conhecida por ter sido editada por Hovelacque, Bertillon, André Lefèvre, G. Véron e de Mortillet.

deve desaparecer para dar lugar a uma ordem de coisas mais equitativa, no que estamos de acordo com ele.

Entramos em desacordo, por exemplo, quanto aos meios referidos para se chegar a um resultado: a associação e leis restritivas sobre a herança é que permitirão suprimir o salariado, essa forma atual da escravidão.

O salariado, com efeito, não é senão a forma moderna da servidão e de seu ancestral, a escravidão; isso não gera nenhuma dúvida e é reconhecido por todos aqueles que examinam as coisas de maneira saudável, que não estão cegos por um interesse de classe qualquer.

Tendo achado mais proveitoso explorar seu semelhante do que comê-lo, o homem buscou extrair disso toda a soma de trabalho possível, ficando a seu cargo proporcionar-lhe as coisas necessárias para sua existência, mas tendo o cuidado de reduzir suas necessidades escravistas ao justo necessário para que continue a fornecer a soma de trabalho exigida.

Em seguida, os escravos, cansados de obedecer e servir os outros, revoltaram-se; os amos não tendo mais a esperança de contê-los deixaram-se arrancar certas concessões que, por causa do jogo da organização social e da forma da propriedade, não tardavam a tornar-se vãs e ilusórias, e, pouco a pouco, o escravo tornava-se liberto, adquirindo certos direitos; o estabelecimento do feudalismo fez dele um servo, mas, no fundo, não deixava de depender igualmente de seus senhores; ligado à gleba, ele só podia mudar de senhor com a terra; não deixara de produzir, penar e suar em proveito dos privilegiados, morrendo na miséria, estagnado na ignorância e, portanto, privado de tudo.

No tempo da escravidão, o amo só tinha como lei seu bel-prazer, temperado ou agravado por certos costumes, duros ou doces segundo o caráter da nação; durante a servidão, os senhores feudais, que continuavam a agir segundo seu bel-prazer, haviam feito com que se inscrevesse nas constituições e privilégios as iniquidades, as humilhações

FATALIDADE DA REVOLUÇÃO

e a exploração a qual submetiam seus servos. O senhor do escravo aproveitava-se porque o comprava ou conquistava, violentava a escrava porque ela o agradava; o senhor feudal fazia intervir seu direito escrito; a lei fazia sua aparição nas relações sociais com o direito do dízimo e o direito de pernada[2] e entrava em cena para justificar o bel-prazer do senhor, transformado em direito.

***

Do mesmo modo que a servidão substituiu a escravidão, o salariado substituiu a servidão. A Revolução de 1789 queimou os velhos títulos de propriedade feudais, os camponeses enforcaram alguns senhores, os burgueses guilhotinaram alguns outros, a propriedade mudou de mãos, a supremacia da propriedade feudal passou às mãos do capital, o assalariado substituiu o servo; nominativamente, o trabalhador tornou-se livre, tudo o que há de mais livre! Completamente liberto dos laços que o prendiam à terra, pode transportar-se de um país a outro, se tem os meios de pagar às companhias ferroviárias — que cobram uma tarifa enorme no transporte de passageiros — ou se tem do que se alimentar durante o tempo que durar sua viagem, se resolver fazê-la a pé. Tem o direito de residir em qualquer apartamento, desde que pague ao proprietário do imóvel; tem o direito de trabalhar em qualquer lugar, sob a condição de que o industrial, que açambarcou as ferramentas de trabalho do ramo industrial que ele escolheu, queira empregá-lo; não está obrigado a nenhuma servidão em relação àqueles que o empregam; sua mulher já não é obrigada a suportar os caprichos do senhor; a própria lei o proclama igual ao bilionário; mais ainda, pode tomar parte na elaboração das leis — pelo direito de escolher aqueles que devem produzi-las — tanto quanto os privilegiados; não é esse, portanto, o ideal de seus sonhos? O que lhe falta, então, para estar no ápice de suas aspirações? Deve-se crer que não, pois

---

[2] Direito do suserano sobre seus vassalos que consistia em tomar o lugar do noivo na noite de núpcias. [N. do E.]

se reconhece que o salariado é tão-somente a transformação atenuada da escravidão e pede-se sua abolição.

É que todos esses direitos são apenas nominativos e que, para servir-se deles, é preciso possuir o poder político que permite viver à custa daqueles que vos suportam, ou possuir esse motor universal, o dinheiro, que liberta de tudo.

O capitalista não pode mais matar o trabalhador mas pode deixá-lo morrer de fome ao não empregá-lo; ele não pode mais tomar à força a operária que lhe resiste, mas pode muito bem corrompê-la fazendo brilhar diante de seus olhos o luxo, o bem-estar que um salário incerto não pode lhe dar.

***

Durante o período que se admitiu denominar história da humanidade, os fortes e os hábeis tomaram a parte que puderam na herança comum: uns apoderaram-se da terra; sob pretexto de direito de comissão, e por causa da invenção da moeda, surgiram os intermediários de todos os tipos: banqueiros, negociantes etc. tornaram-se inevitáveis e ficaram com uma parte nas trocas; outros, pelo açambarcamento das ferramentas de trabalho, tornaram-se os senhores da produção; e, para assegurar o bom funcionamento desse roubo e dessa intrigalhada, os políticos erigiram-se em sindicato governamental, retirando ainda seu dízimo sobre o pouco deixado aos explorados pelos parasitas que os agrupam, forçando-os a cooperar para a defesa de uma ordem social que só é organizada para perpetuar sua escravidão e sua exploração.

Em resumo, para servir-se de seu direito de dormir, comer, viajar, instruir-se, é preciso pagar, e pagar sempre; para ter meios para pagar, o deserdado deve alienar seu direito de produzir em favor do detentor das ferramentas de trabalho que só lhe dá o necessário para manter sua força de produção.

A fim de poder consumir, é preciso produzir. É uma lei natural inevitável; pelo açambarcamento da terra e dos meios de produção, os capitalistas descarregaram sobre os trabalhadores o dever de produzir, concedendo-lhes o direito de consumir em troca de uma soma de trabalho igual, e inclusive superior, àquela do trabalhador e do empregador; e como o mesmo ocorre com todas as necessidades do homem, é estabelecido um jogo de gangorra que faz com que todos os direitos sejam passados à classe possuidora enquanto a classe não possuidora só tem deveres, sem ter os meios para pagar o uso desses direitos.

***

Para chegar a essa simples substituição de etiqueta, foram necessários séculos e várias revoluções; é que se tinha deixado subsistir a causa enquanto se atacava os efeitos, e o direito de associação, as leis mais ou menos restritivas não mais teriam efeito se se atacasse de imediato a organização econômica que rege a sociedade.

É verdade, a associação, eis a forma que deve assumir a sociedade futura; entretanto, o que os trabalhadores poderão associar além de zeros se não se tiver suprimido o monopólio do capital, destruído a apropriação individual do solo e das ferramentas de trabalho? O que caberá a mais aos trabalhadores com o fato de que o sindicato governamental herdará no lugar dos primos do falecido? Isso quer dizer que eles terão sido menos explorados por este em vida e que o serão menos por esse herdeiro que substituiu um outro?

Para que a associação seja útil aos trabalhadores é preciso mudar a forma da propriedade, é necessário destruir o sindicato governamental; não se deve deixar o capital fazer a lei aos indivíduos, não se pode permitir que haja uma força para apoiar suas pretensões. É preciso que aqueles que se apoderaram da herança social restituam à associação, pela força, o patrimônio de todos. É preciso que cada um possa deslocar-se livremente, aplicar suas faculdades segundo suas afinidades e sua impulsão que recebe de sua energia.

Só essa transformação radical pode abolir o salariado; todos os paliativos não terão outro efeito senão transformá-lo, eternizá-lo, mudando-o, de tempos em tempos, de etiqueta, sem atenuar seus efeitos. Não são leis restritivas de que se precisa. Como disse o sr. Letourneau, os privilegiados sabem demasiado bem retomar com uma mão o que lhes escapou da outra; é uma revolução social que se apoderará da riqueza social para colocá-la à disposição de todos e que, destruindo os privilégios, porá os privilegiados na impossibilidade de recuperar o que se lhes tiver arrancado.

A PROPRIEDADE

A ciência, hoje, demonstra-nos que a Terra deve sua origem a um núcleo de matérias cósmicas que se desprendeu primitivamente da nebulosa solar. Esse núcleo, pelo efeito de rotação sobre si mesmo em torno do astro central, condensou-se a ponto de a compressão dos gases levar a uma conflagração; e esse globo, filho do sol, teve de, como aquele que lhe deu origem, brilhar com sua luz própria na Via Láctea, como uma pequenina estrela. Tendo o globo resfriado-se, passou de estado gasoso ao estado líquido, pastoso, em seguida, cada vez mais denso, até sua completa solidificação. Mas nessa fornalha primitiva, a associação dos gases fez-se de modo que suas diferentes combinações dessem origem aos materiais fundamentais que formam a composição da Terra: minerais, metais, gases que permaneceram livres, em suspensão na atmosfera.

O resfriamento, operando-se pouco a pouco, fez com que a ação da água e da atmosfera sobre os minerais tivessem ajudado a formar uma camada de terra vegetal; durante esse tempo, a associação do hidrogênio, do oxigênio, do carbono e do azoto conseguiram formar, no seio das águas, uma espécie de geleia orgânica, sem forma definida, sem órgão, sem consciência, mas já dotada de movimento, empurrando prolongamentos de sua massa para o lado que queria ir, ou melhor, do lado em que a atração fazia-se sentir sobre ela, e, da faculdade de assimilar os corpos estranhos que se agarravam à sua massa e deles nutrir-se. Enfim, a última faculdade: a um certo grau de desenvolvimento, poder cindir-se em duas e dar origem a um novo organismo semelhante a seu progenitor.

Eis os modestos começos da humanidade! Tão modestos que foi bem mais tarde, após um longo período de evolução, após a formação de um certo número de tipos na cadeia dos seres, que se chegou a distinguir o animal do vegetal.

***

É evidente que essa explicação a respeito do surgimento do homem retira toda a maravilhosa narrativa da sua criação; é o fim de Deus, da entidade criadora, por consequência.

Sem a tese da origem sobrenatural do homem, a ideia segundo a qual a sociedade tal como existe, com sua divisão de ricos e pobres, governos e governados, decorrente de uma vontade divina, também não se sustenta mais. A autoridade que se apoiou por tanto tempo em sua origem supranatural, fábula que contribuiu — ao menos tanto quanto a força bruta — para mantê-la e, com ela, a propriedade que ela tinha por missão defender, vê-se, ela também, forçada a acantonar-se por trás das razões mais concretas e mais sustentáveis.

É então que os economistas burgueses fazem intervir o homem industrioso que conseguiu economizar, e deve, por consequência, ao aplicar suas economias numa empresa, recuperar seu capital mas também um rendimento pela cobertura dos riscos que correu.

Ora, consideremos um operário, supondo-o um dos mais favorecidos, ganhando relativamente bem, sem jamais ter ficado desempregado ou enfermo; esse operário poderá viver uma vida confortável que deveria ser assegurada a todos aqueles que produzem, satisfazer todas as suas necessidades físicas e intelectuais, enquanto trabalha? Sejamos francos, mal poderá satisfazer um centésimo de suas necessidades, e das mais limitadas; será preciso que ele as reduza ainda mais se quiser economizar alguns centavos para seus dias de velhice. E qualquer que seja sua parcimônia, nunca conseguirá economizar o bastante para viver sem fazer nada. As economias feitas no período produtivo mal chegarão a compensar o déficit que a velhice traz, se não lhe bastam heranças ou qualquer outra renda inesperada que nada tem a ver com o trabalho.

Para um desses trabalhadores privilegiados, é preciso quantos miseráveis que não têm o que comer para saciar a fome!? E ainda o desenvolvimento do industrialismo e do equipamento mecânico tendem a aumentar o número de desempregados, a diminuir o número dos operários abastados.

***

Agora, suponhamos que o trabalhador abastado, em vez de continuar a aplicar suas economias em quaisquer valores, ao reunir certa soma, passe trabalhar por conta. Na prática, o operário sozinho quase não existe isoladamente. O pequeno patrão, com dois ou três operários, vive, talvez, um pouco melhor que eles, todavia, perseguido incessantemente pelos prazos, não pode esperar por qualquer melhoria, já se dá por feliz se consegue manter-se em seu bem-estar relativo e evitar a falência.

Os altos lucros, as grandes fortunas, a vida nababesca são reservadas aos grandes proprietários, aos grandes acionistas, aos grandes usineiros, aos grandes especuladores que não trabalham mas ocupam os operários às centenas. O que prova que o capital é trabalho acumulado, mas o trabalho dos outros acumulado nas mãos de um único é roubo.

De tudo isso conclui-se claramente que a propriedade individual só é acessível àqueles que exploram seus semelhantes. A história da humanidade demonstra-nos que essa forma de propriedade não é a mesma das primeiras associações humanas, que ocorreu apenas muito tarde em sua evolução, quando a família começou a liberar-se da promiscuidade, que a propriedade individual começou a mostrar-se na propriedade comum ao clã, à tribo.

Isso em nada provaria sua legitimidade se essa apropriação pudesse ser operada de modo não arbitrário e demonstrar aos burgueses — que quiseram fazer disso um argumento em seu favor, sustentando que a propriedade sempre foi o que é hoje — que esse argumento não tem mais valor aos nossos olhos.

***

De resto, aqueles que vituperam tanto contra os anarquistas, que reivindicam a força para despossuí-los, puseram nisso tantas formas para despossuir a nobreza em 1789 e frustrar os camponeses que se haviam colocado ao trabalho enforcando os *hobereaux*,[3] destruindo os títulos de nobreza, apoderando-se dos bens senhoriais?

Os confiscos e as vendas fictícias, ou a preços irrisórios, que eles praticaram tiveram por objetivo despojar os possuidores primordiais, e os camponeses que esperavam sua parte disso, para açambarcar-lhes seu lucro? Não se permitiram isso pelo simples direito da força que eles mascararam e sancionaram por comédias legais? Essa espoliação não foi mais iníqua — admitindo que a que exigimos o seja, o que não é — porquanto não foi feita em proveito da coletividade, e só contribuiu para enriquecer alguns traficantes que se apressaram a fazer a guerra aos camponeses que se haviam lançado ao assalto dos castelos, fuzilando-os e tratando-os de bandoleiros?

Os burgueses são, portanto, inoportunos ao gritar roubo quando se quer forçá-los a restituir, pois sua propriedade é apenas o fruto de um roubo.

---

[3] Designação pejorativa dos fidalgos da pequena nobreza. [N. do E.]

COMUNISMO, INDIVIDUALISMO

Organizar suas forças para arrancar da natureza as coisas necessárias à sua existência, objetivo que eles não podiam alcançar senão pela concentração de seus esforços; eis certamente o que guiou os primeiros humanos quando começaram a agrupar-se, ou, ao menos, devia estar tacitamente entendido, se não estivesse idealizado, em suas primeiras associações, talvez temporárias e limitadas, rompendo-se, uma vez obtido o resultado.

Entre os anarquistas, ninguém pensa subordinar a existência do indivíduo à marcha da sociedade.

O indivíduo livre, completamente livre em todos os modos de atividade, eis o que todos nós pedimos; e quando há aqueles que rejeitam a organização, que dizem que não dão a mínima para a comunidade, afirmando que o egoísmo do indivíduo deve ser sua única regra de conduta, que a adoração de seu ego deve vir antes e acima de toda consideração humanitária — crendo, com isso, ser mais avançados que os outros —, esses em questão nunca se ocuparam da organização psicológica e fisiológica do homem, não se deram conta de seus próprios sentimentos, não faziam ideia do que é a vida do homem atual, quais são suas necessidades físicas, morais e intelectuais.

A sociedade atual mostra-nos alguns desses perfeitos egoístas: os Delobelle, os Hialmar Eikdal não são raros e não são encontrados só nos romances. Sem que sejam encontrados em grande número, podemos ver, às vezes, em nossas relações, esses tipos que só pensam neles, que só veem sua pessoa na vida. Se há um bom pedaço sobre a mesa, eles apoderar-se-ão dele sem qualquer escrúpulo. Viverão fartamente fora enquanto em seus lares se morrerá de fome. Aceitarão os sacrifícios de todos aqueles que os cercam: pai, mãe, mulher, filhos, como coisa devida enquanto eles se abandonam à preguiça ou se refestelam sem vergonha. O sofrimento dos outros não conta, o que interessa é que sua própria existência não passe por dificuldade. Pior ainda, nem mesmo se darão conta de que se sofre para eles e por eles. Quando estão bem saciados e bem dispostos, a humanidade está satisfeita e relaxada.

Eis o tipo do perfeito egoísta, no sentido absoluto do termo, mas também se pode dizer que é o tipo de um animal imundo. O burguês mais enojante nem sequer se aproxima desse tipo; ele tem ainda, às vezes, o amor pelos seus ou, ao menos, algo análogo que o representa. Não cremos que os partidários sinceros do individualismo mais exarcebado tenham alguma vez tido a intenção de compartilhar esse tipo de ideal com a humanidade. Do mesmo modo, os comunistas anarquistas não ouviram pregar a abnegação e a renúncia aos indivíduos na sociedade que eles entreveem. Rejeitando a *sociedade* como entidade, rejeitam igualmente o *indivíduo*, o que tendia levar a teoria ao absurdo.

***

O indivíduo tem direito a toda sua liberdade, à satisfação de todas as suas necessidades, isso é óbvio; todavia, como a população sobre a terra é superior a dois bilhões de indivíduos, com direitos se não necessidades iguais, disso decorre que todos esses direitos devem satisfazer-se sem sobrepor-se uns aos outros, senão haveria opressão, o que tornaria inútil a revolução realizada.

Se o homem pudesse viver isolado, se pudesse retornar ao estado de natureza, não haveria motivo para discutir como viver, pois seria como cada um quisesse. A Terra é grande o bastante para hospedar todos; mas a Terra entregue a si mesma forneceria víveres o bastante para todos? Isso é mais duvidoso. Haveria provavelmente uma guerra feroz entre indivíduos, a "luta pela existência" das primeiras eras, um ciclo da evolução já percorrida a recomeçar. Os mais fortes oprimiriam os mais fracos até que fossem substituídos pelos mais inteligentes, até que o valor do dinheiro substituísse o valor da força.

Se tivemos de atravessar esse período de sangue, miséria e exploração que se chama história da humanidade, é que o homem foi egoísta no sentido absoluto do termo, sem qualquer atenuação, sem qualquer suavização. Ele só viu, desde o começo de sua associação, a satisfação da fruição imediata. Quando pôde subjugar o mais fraco, fê-lo, sem qualquer escrúpulo, vendo apenas a soma de trabalho que extraía do outro, sem considerar que a necessidade de vigiá-lo, as revoltas que teria de reprimir acabariam, com o tempo, por lhe fazer um trabalho igualmente oneroso, e que teria valido mais a pena trabalhar lado a lado, proporcionando um apoio mútuo. Foi assim que a autoridade e a propriedade se estabeleceram; ora, se quisermos derrubá-las, não basta, portanto, recomeçar a evolução passada.

Se admitíssemos que as motivações do indivíduo devem ser o egoísmo puro e simples, a adoração da cultura de seu ego, admitiríamos que o homem deve lançar-se na batalha, trabalhar para adquirir satisfação, sem se preocupar com os outros ao lado. Afirmar isso, seria o mesmo que dizer que a revolução futura deveria ser feita em proveito dos mais fortes; que a nova sociedade deve ser um conflito perpétuo entre os indivíduos. Se assim fosse, não teríamos por que reivindicar uma ideia de liberação geral. Só estaríamos revoltados com a sociedade atual porque sua organização capitalista não nos permite fruir também.

É possível que entre aqueles que se disseram anarquistas tenha havido alguns que tenham encarado a questão desse ponto de vista. Isso explicaria essas deserções e palinódias de pessoas que, depois de terem se envolvido, abandonaram as ideias para se posicionar ao lado dos defensores da sociedade atual, porque esta oferecia-lhes compensações.

Certamente combatemos a sociedade atual porque ela não nos proporciona que a satisfação de nossas necessidades seja estendida a todos os membros da sociedade.

***

O egoísmo estreito, mal-entendido, é contrário ao funcionamento de uma sociedade, mas a renúncia e o espírito de sacrifício, sendo funestos à individualidade, seriam igualmente funestos à humanidade, deixando dominar os espíritos estreitos, egoístas no mau sentido do termo; é o tipo menos perfeito da humanidade que absorveria os outros; devemos, pois, rejeitar igualmente um e outro.

Mas se o egoísmo e o altruísmo, levados ao extremo, são maus para o indivíduo e para a sociedade, associados, formam um terceiro termo que é a lei das sociedades do futuro. E essa lei é a solidariedade.

Nós nos unimos, em um certo número de indivíduos, a fim de satisfazer nossas aspirações. Essa associação, nada tendo de arbitrário, motivada apenas por uma necessidade de nosso ser, impele-nos a conquistar mais força e atividade quanto mais intensa for a necessidade em nós.

Tendo todos contribuído para a produção, temos todos o direito ao consumo, isso é evidente, mas como teremos calculado a soma das necessidades — fazendo entrar nela aquelas que deverão ser previstas — para chegar a produzir a satisfação a todos, a solidariedade não terá dificuldade para estabelecer-se de modo que cada um tenha a sua parte. Não se diz que o natural do homem é ter o olho maior do que o estômago? Ora, mais intenso será, nele, o desejo, mais forte será a soma de força e atividade que ele trará.

Chegará, assim, a produzir não apenas para satisfazer os coparticipantes, mas ainda aqueles em quem o desejo só despertaria vendo a coisa produzida. As necessidades do homem sendo infinitas, infinitas serão seus modos de atividades, infinitos seus meios de satisfazer-se.

O CASAMENTO

Sem entrar nos desenvolvimentos históricos da família, podemos afirmar que ela nem sempre foi o que é atualmente.

Com relação a isso, etnógrafos e antropólogos estão de acordo ao descrever as diversas formas de que ela se revestiu no transcurso da evolução humana.

Ao próprio casamento, que a religião e os burgueses queriam manter indissolúvel, tiveram de acrescentar a correção, o divórcio, que só é aplicável em casos especiais, que só se obtém por meio de processo, inúmeros procedimentos, com o dispêndio de muito dinheiro. Mas não deixa de ser um argumento contra a estabilidade da família visto que, após tê-lo rejeitado por tanto tempo, enfim foi reconhecido necessário, e vem estremecer fortemente a família, rompendo o casamento, que é apenas sua sanção.

Que confissão mais bela em favor da união livre poder-se-ia pedir? Não é evidente que é inútil selar com uma cerimônia o que uma outra cerimônia pode desfazer? Por que fazer consagrar por um simplório cingido por uma cilha a união que três outros simplórios de togas e de barretes poderão declarar nula e inexistente?

Assim, os anarquistas rejeitam a organização do casamento. Eles dizem que dois seres que se amam não precisam da permissão de um terceiro para se deitarem juntos; a partir do momento que sua vontade leva-os a tomar esta decisão, a sociedade nada tem a ver com isso, e menos ainda a interferir.

Os anarquistas dizem o seguinte: pelo fato de que se deram um ao outro, a união do homem e da mulher não é indissolúvel, não estão condenados a terminar seus dias juntos se acontecer de se tornarem antipáticos um ao outro. O que sua livre vontade formou, sua livre vontade pode desfazer.

Sob o império da paixão, sob a pressão do desejo, só viram suas qualidades recíprocas, e cerraram os olhos para seus defeitos; uniram-se, e eis que a vida em comum desfaz as qualidades, faz sobressair os defeitos, revela ângulos que eles não sabem arredondar. Será preciso que esses dois seres, porquanto se equivocaram num momento de efervescência, paguem por toda uma vida de sofrimento pelo erro de um momento que lhes fez tomar por uma paixão profunda e eterna o que era apenas o resultado de uma sobreexcitação dos sentidos?

Vamos lá! Já é hora de voltar a noções mais sãs. O amor entre um homem e uma mulher não foi sempre mais forte do que as leis, do que todas as hipocrisias e todas as reprovações que quiseram ligar à realização do ato sexual?

Apesar da vergonha que se quis lançar sobre a mulher que enganava seu marido — não falamos do homem, que sempre soube ficar bem à vontade em matéria de moral e bons costumes —, malgrado o papel de pária reservado em nossas sociedades pudicas à mãe solteira, isso impediu, por um único momento, as mulheres de fazer seus maridos cornos; as moças, de se entregar àquele que lhes havia agradado, ou se aproveitar do momento em que os sentidos falavam mais forte que a razão?

A história e a literatura mencionam apenas maridos e esposas enganados, moças seduzidas. A necessidade genética é o primeiro motor do homem: mesmo nos ocultando, cedemos à sua pressão.

Para alguns espíritos apaixonados, fracos e timoratos, que se suicidam — com o ser amado, às vezes —, sem ousar romper com os preconceitos, sem ter a força moral de lutar contra os obstáculos que lhes opõem os costumes e a idiotice de pais imbecis, numerosa é a multidão daqueles que, à socapa, zombam dos preconceitos: apenas se acrescentou a hipocrisia à lista das paixões humanas, eis tudo.

Por que teimar em regulamentar o que escapou de longos séculos de opressão? Reconheçamos, então, de uma vez por todas, que os sentimentos do ser humano escapam a toda regulamentação e que deve existir a mais completa liberdade para que eles possam desenvolver-se completa e normalmente. Sejamos menos puritanos e seremos mais francos, mais normais.

O proprietário, desejando transmitir a seus descendentes o fruto de suas rapinagens, modelou a família a fim de assegurar sua supremacia sobre a mulher e, para poder, em sua morte, transmitir seus bens a seus descendentes, foi preciso tornar a família indissolúvel. Embasada nos interesses e não na afeição, é evidente que uma força e uma sanção eram necessárias para impedi-la de desagregar-se pelos choques ocasionados pelo antagonismo dos interesses.

***

Se os sentimentos do ser humano tendem à inconstância, se seu amor não pode fixar-se sobre o mesmo objeto, como sustentam muitas pessoas — e é sobre essa afirmação que se apoiam aqueles que querem regulamentar as relações sexuais —, se a poligamia e a poliandria eram as leis naturais do indivíduo, o que nos importa? O que podemos fazer com isso? Até o presente momento, a repressão nada pôde impedir, e nos garantiu novos vícios. Deixemos, portanto, a natureza humana livre, aceitemos suas tendências e suas aspirações. Ela é, hoje, inteligente o bastante para saber reconhecer o que lhe é nocivo, para conhecer pela experiência em que sentido ela deve dirigir-se. Se a evolução fisiológica funcionar livremente sem ser impedida por leis autoritárias, teremos certeza de que serão os mais aptos, os mais bem-dotados que terão a chance de sobreviver e reproduzir-se.

A tendência humana, ao contrário, tende, como penso, à monogamia? Sua própria vontade não será a mais segura garantia da indissolubilidade de sua união? Dois seres que, tendo encontrado-se, aprenderam a se conhecer e a se estimar e acabam por se tornar um só, de tanto que se tornaram íntimos e completos, e de tanto que sua vontade, seus desejos, seus pensamentos tornaram-se idênticos estes seres, menos que todos os outros, necessitarão de leis para obrigá-los a viver juntos.

Quando o homem e a mulher não se sentem mais acorrentados um ao outro, e se amam, a força das coisas conduzem-nos a se buscar reciprocamente, a merecer o amor do ser que tiverem escolhido. Sentindo que o companheiro ou a companheira amada pode abandonar o ninho se não encontrar mais a satisfação com a qual sonhou, o indivíduo colocará tudo em obra para agradar o outro completamente. Assim como entre essas espécies de pássaros, em que, na época do acasalamento, o macho apresenta uma plumagem nova e brilhante para seduzir a fêmea da qual quer atrair os favores, os humanos cultivarão as qualidades morais que devem fazê-los amar e tornar sua companhia agradável. Embasadas nesses sentimentos, as uniões tornar-se-ão indissolúveis mais do que poderiam fazer as leis mais ferozes e a opressão mais violenta.

Isso não seria mais moral, mais elevado do que o casamento atual, que equivale à prostituição mais desavergonhada? Casamentos de interesse, nos quais os sentimentos nada têm a ver; casamentos de conveniência, arranjados nas famílias burguesas pelos pais sem consultar aqueles que se unirão; casamentos desproporcionais, nos quais vemos velhos gagás unirem, graças a seu dinheiro, suas velhas carcassas em ruínas ao frescor e à beleza de uma jovem; velhas peruas comprando, por força do dinheiro, a complacência de jovens proxenetas.

A união sexual nem sempre endossou as mesmas formalidades, e deve continuar assim a evoluir. Não pode garantir maior dignidade senão se livrando de todo entrave.

A IDEIA ANARQUISTA E SEUS DESENVOLVIMENTOS

Anarquia quer dizer negação da autoridade. Mas como a autoridade tenciona legitimar sua existência sobre a necessidade de defender as instituições sociais, tais como a família, a religião, a propriedade, uma multidão de engrenagens surgiram para assegurar o exercício e a sanção dessa autoridade, que é a lei, a magistratura, o exército, o poder legislativo, executivo etc. Desse modo, forçada a responder a tudo, a ideia anarquista teve de combater todos os preconceitos sociais, impregnar-se a fundo de todos os conhecimentos humanos a fim de poder demonstrar que suas concepções condiziam com a natureza fisiológica e psicológica do homem, e observavam as leis naturais, enquanto a organização atual estava estabelecida contra toda lógica, o que faz com que nossas sociedades sejam instáveis, transtornadas por revoluções que são, elas próprias, ocasionadas pelos ódios acumulados daqueles que são esmigalhados por instituições arbitrárias.

Portanto, combatendo a autoridade, foi preciso que os anarquistas atacassem todas as instituições das quais o poder constitui-se defensor, das quais ele busca demonstrar a utilidade para legitimar sua própria existência.

O âmbito das ideias anarquistas ampliou-se. Tendo partido de uma simples negação política, foi-lhe igualmente necessário atacar os preconceitos econômicos e sociais, encontrar uma fórmula que, embora negasse a apropriação individual, base da ordem econômica atual, afirmasse, ao mesmo tempo, aspirações quanto à organização futura. E o "comunismo" passou, naturalmente, a ocupar um lugar ao lado da palavra "anarquismo".

É essa diversidade de questões a atacar e a resolver que fez o sucesso das ideias anarquistas e contribuiu para sua rápida expansão; que fez com que, emanadas de uma minoria de desconhecidos, sem meios de propaganda, elas hoje invadissem, mais ou menos, as ciências, as artes, a literatura.

***

O ódio à autoridade e as reivindicações sociais datam de muito tempo, começam logo que o homem se deu conta de que o oprimiam. Mas por quantas fases e sistemas foi preciso passar a ideia para chegar a concretizar-se sob sua forma atual?

Foi Rabelais um dos primeiros a ter essa intuição ao descrever a vida da abadia de Thélème, mas quão obscura ela ainda é; quão pouco ele a crê aplicável à sociedade inteira, pois o ingresso da comunidade está reservado a uma minoria de privilegiados.

Em 1793, falaram bem dos anarquistas. Jacques Roux e os *Enragés*[4] parecem-nos ser aqueles que viram com clareza o melhor na revolução, e os que mais buscaram lograr êxito em benefício do povo. Assim, os historiadores burgueses deixaram-nos na obscuridade; sua história ainda está por ser feita; os documentos, enterrados nos museus, nos arquivos e nas bibliotecas ainda aguardam aquele que terá o tempo e a energia para trazê-los à luz e interpretrar coisas ainda bem incompreensíveis para nós nesse período trágico da história. Não podemos, pois, formular qualquer apreciação sobre seu programa.

É preciso chegar a Proudhon para ver a anarquia colocar-se como adversária da autoridade e do poder, e começar a tomar corpo. Entretanto, ainda apenas como uma inimiga teórica; na prática, em sua organização social, Proudhon deixa subsistir, sob nomes diferentes, as engrenagens administrativas que são a própria essência do governo. A anarquia chega, até o final do império, sob a forma de um vago mutualismo que vem soçobrar, na França, nos primeiros anos que se seguiram à Comuna, ao movimento desviado e desviador das cooperativas de produção e consumo.

Mas bem antes de firmar-se, uma corrente destacara-se do ramo primitivo. A Internacional dera origem, na Suíça, à Federação Jurassiana, na qual Bakunin propagava a ideia de Proudhon, a anarquia inimiga da autoridade, desenvolvendo-a entretanto, ampliando-a, encorpando-a com as reivindicações sociais.

***

---

[4] Na Revolução Francesa, grupo de revolucionários ultrarradicais, liderados por Jacques Roux, que reivindicavam igualdade cívica, política, social e tributária. [N. do E.]

KROPOTKIN

É daí que data a autêntica eclosão do movimento anarquista atual. É verdade, muitos preconceitos ainda existiam, muitos ilogismos ainda surgiam nas ideias emitidas. A organização propagandista continha ainda muitos germes de autoritarismo, e muitos elementos permaneciam da concepção autoritária; mas o que importa? O movimento foi lançado, a ideia cresceu, depurou-se e tornou-se cada vez mais concisa. E quando, há apenas doze anos, a anarquia afirmava-se na França, no Congresso do Centro, conquanto bem fraca ainda, embora essa afirmação não fosse senão o fato de uma ínfima minoria, e que teve contra si não apenas os satisfeitos com a ordem social atual, mas ainda esses pseudorrevolucionários que só veem nas reivindicações populares um meio de ascender ao poder, a ideia tinha em si mesma bastante força de expansão para chegar a implantar-se, sem qualquer meio de propaganda senão a boa vontade de seus partidários, bastante vigor para levar os sustentáculos do regime capitalista a injuriá-la, persegui-la; a levar as pessoas de boa-fé a discuti-la, o que é uma prova de força e vitalidade.

Assim, apesar da cruzada de todos aqueles que, em um grau qualquer, podem se considerar como os condutores de uma das diversas frações da opinião pública, apesar das calúnias, das excomunhões e da prisão, a ideia anarquista segue seu caminho. Fundam-se grupos, órgãos de propaganda são lançados na França, na Espanha, na Itália, na Inglaterra, em Portugal, na Bélgica, na Holanda, na Noruega, na América, na Austrália, na Argentina; em russo, alemão, hebraico, tcheco, armênio; em muitos lugares, em muitas línguas.

Todavia, do pequeno grupo de descontentes no qual formularam-se, as ideias anarquistas irradiaram incrivelmente para todas as classes da sociedade. Infiltraram-se em toda parte onde o homem está em atividade cerebral. As artes, a ciência, a literatura deixaram se contaminar pelas novas ideias.

A princípio, começaram como fórmulas inconscientes, como aspirações vagas, mal definidas, com frequência mais gracejos do que convicções reais. Hoje, não apenas aspirações anarquistas são formuladas como também sabemos que é a anarquia que é disseminada e corajosamente denominada.

Os anarquistas já não são, portanto, os únicos a achar que tudo é mau e a desejar uma mudança. Essas queixas e aspirações são formuladas por aqueles mesmos que se creem defensores da ordem capitalista. Mais ainda, começam a sentir que não se deve mais limitar-se aos desejos estéreis, mas que é preciso trabalhar para a realização do que se reivindica. Puseram-se a compreender e a aclamar pela ação, a revelar a propaganda pelo fato, isto é, a comparar a satisfação de agir como se pensa e os estorvos que se deve experimentar pela violação de uma lei social, enfim, a procurar, cada vez mais, conformar a vida com as coisas segundo o grau de resistência que o temperamento de cada um pode suportar.

Hoje, a ideia está lançada; nada poderá detê-la.

A ANARQUIA, OLHAR RETROSPECTIVO

O segundo despertar do proletariado europeu — aquele que começou por volta de 1867 e que ainda aguarda a próxima revolução para dizer a que veio na história — iniciou-se com a reivindicação de reformas nas relações do trabalho e do capital.

Mas tão logo essas reformas foram enunciadas e discutidas nos círculos operários e nos congressos da Internacional, os trabalhadores já perceberam a impossibilidade de obter medidas sérias sem tocar no conjunto da organização econômica e política atual, além da inutilidade das mudanças minúsculas e paliativas. A questão do pão cotidiano do trabalha está estreitamente ligada a toda a relação dos indivíduos com a sociedade; tudo se sustenta tão intimamente nesse conjunto complicado das relações entre capitalistas, financistas, negociantes, especuladores, escroques, agiotas, governantes, magistrados etc., que, só para garantir os meios de existência àquele que trabalha ou quer trabalhar, já é preciso revisar as próprias bases sobre as quais se baseia uma sociedade que admite a apropriação privada dos meios de produção.

Quanto aos paliativos, tais como a regulamentação das horas de trabalho e outras medidas do mesmo tipo, logo foi possível compreender que as reformas desse tipo tendem a criar uma classe de trabalhadores privilegiados acima das massas advindas da miséria — um quarto estado à custa do quinto — ou a produzir uma melhora temporária que logo agravará as crises e aumentará sua frequência e duração.

A questão social ergueu-se, então, com toda a sua grandeza e o proletariado compreendeu que se encontrava diante de um imenso problema: socializar os meios de produção pela revolução social. Compreendeu também — e os fatos que se produziram desde então só fizeram confirmá-lo nessa convicção — que hoje vivemos às vésperas de uma imensa revolução internacional, testada em 1848, e que tornou-se inevitável; que mil causas concorrem para isso: a decomposição dos Estados, as crises econômicas que resultam da universalização e da descentralização da indústria, os crimes da burguesia, a desagregação das classes governamentais, e, sobretudo, esse espírito de crítica que, uma vez retomada a obra inacabada do século XVIII, pôs-se a minar impiedosamente todas as aparências de instituições que possuímos: propriedade, Estado, governo representativo, lei, justiça, educação, organização industrial e comercial, moral pública, enfim, tudo minado e demolido simultaneamente, a desmoronar com o primeiro sopro do espírito crítico.

A palavra "expropriação" foi pronunciada. Substituída de início pelo termo "liquidação social", que se prestava menos aos rigores dos códigos, foi logo claramente afirmado e tornou-se a palavra de ordem de todos aqueles que inscreviam em sua bandeira a solução da questão social. E ainda é assim. Se os líderes dos partidos socialistas deixam-se levar cada vez mais pelos compromissos com o passado, à medida que a taça do orçamento aproxima-se de seus lábios, não é menos certo que a ideia de expropriação, inicialmente compreendida por um pequeno número apenas, fez um imenso progresso no espírito das massas. O progresso nas massas é proporcional ao recuo dos líderes. E se vemos congressos operários retomar os paliativos enterrados desde os primeiros congressos da Internacional, não se deveria ver nisso uma dúvida por parte dos trabalhadores em relação à necessidade da justiça da expropriação. Suas dúvidas só dizem respeito à possibilidade de fazê-la em breve. Mas essas dúvidas, a incúria da burguesia encarrega-se de dissipar a cada dia, acelerando a chegada da revolução tão ardentemente desejada pelos proletários que criam iminente desde 1867.

***

No começo, a solução para o problema social apresentava-se aproximadamente da seguinte maneira: o Estado apoderava-se de todo o solo ocupado pela nação; declarava-o propriedade nacional. Arrebatava igualmente as minas, as fábricas, as manufaturas, bem como as vias de comunicação. Procedia como procede nos dias de hoje quando se trata de expropriar por utilidade pública um pedaço de terra no qual uma linha férrea deve passar, mas cujo proprietário obstina-se em recusar a vender. A palavra expropriação extrai, inclusive, sua origem desse ato tão amiúde realizado em nossos dias. Quanto à remuneração aos detentores atuais do solo, das minas etc., dizia-se a estes últimos que eles seriam indenizados se fossem compreensivos e que não o seriam se fosse preciso valer contra eles o direito de conquista.

O Estado, tornado proprietário de toda a riqueza nacional, administrava-a pelos representantes da nação reunidos no Parlamento popular. Em um país livre, costumava-se dizer que o sufrágio universal, — e a escola alemã ainda o diz

—, tornar-se-ia esclarecido e a Câmara do Trabalho seria uma autêntica representação dos trabalhadores.

Quanto à maneira de administrar o patrimônio da nação, dizia-se que o Estado decerto teria benefício em arrendar o solo, as minas, as fábricas e as ferrovias para as corporações de ofício, as quais formariam, por um lado, federações territoriais — comuna, região, nação — e, por outro, vastas federações de ofícios, nacionais e internacionais.

Tal era, em seus aspectos essenciais, o plano de revolução e organização que se esboçava nos começos do movimento socialista ao qual todos nós pertencemos. A Internacional deveria ser o protótipo dessa futura organização quando a guerra franco-alemã, a Comuna e a reação que se seguiu a ela vieram bruscamente interromper o movimento, rejeitá-lo da superfície para as camadas profundas do proletariado e lançar um fluxo de novas ideias.

Houve um período de recolhimento.

Desde os começos do movimento, já se observava que o plano que acabamos de esboçar pecava por um excesso de governamentalismo. Sua realização teria sido a morte da liberdade do indivíduo, tão duramente adquirida pelas nações civilizadas; um governo que, além de suas funções atuais, teria a administração da produção, do consumo e da troca, mesmo que soubesse desempenhar essa imensa função, não seria bem mais temível do que todos os governos atuais?

Bastava fazer essa pergunta para que a resposta não fosse matéria de dúvida.

Recordou-se de que tudo o que fora feito de grande na história sempre o foi pelas minorias. O governo, aliás todo governo representativo por excelência, é o reinado da mediocridade, agarrado ao passado. Toda nova ideia, toda nova aspiração nasce, de início, de uma minoria — ínfima no começo, mas crescente e forçada a fazer um caminho de lutas contra a maioria.

Hoje, o Estado — representante da mediocridade — está

armado de tal força que essas lutas são extremamente difíceis. O que seria se o Estado, já senhor da instrução, dos tribunais e do exército, tornasse-se também senhor de toda a vida econômica da nação?

Essa simples questão fez nascer uma nova corrente de pensamento. Analisou-se a substância do Estado que, no dizer da escola autoritária alemã, devia ser o portador do progresso, mas que, durante toda a história, em nome de sua própria essência, não foi senão o defensor dos privilégios. A máquina que, durante milhares de anos, foi a defensora e a criadora do privilégio, da exploração, da supressão do progresso, podia tornar-se portadora do progresso, defensora da igualdade, fonte de liberdade? Seria o mesmo que dizer que a hierarquia religiosa poderia ser encarregada dessa função. Chega-se, assim, à negação do Estado, negação que valeu inicialmente aos anarquistas os insultos mais grosseiros dos autoritários alemães, defensores do "Estado Popular", mas que hoje começa a ser compreendida por esses mesmos autoritários.

Analisaram-se, em seguida, as diversas formas de governo, desde a monarquia até a poliarquia republicana; estudou-se o governo representativo — sua essência bem como suas formas atuais — assim como os diversos corretivos pelos quais se tenta remediar seus vícios constitucionais (referendo, representação das minorias etc.), e achou-se que essa forma, que prestou alguns serviços ao longo da história na quebra do poder da aristocracia, já expirou, pois esta é a forma de governo que corresponde ao reinado da burguesia, que seria forçada por uma nova organização econômica a romper com a política que responde à fase precedente das relações econômicas.

Como o governo representativo foi testado em uma vasta escala, seus vícios só se tornaram ainda mais evidentes. O Parlamento e o poder executivo não podem materialmente responder às necessidades infinitas de cada agrupamento humano nem conciliar os interesses frequentemente opostos das diversas partes de uma nação. A eleição não pode encontrar homens capazes de representar a nação porque apresenta um objetivo impossível de ser alcançado. Nem uma nação, nem mesmo um grupo permanente qualquer, pode ser representada por um indivíduo, e seus representantes, aptos a fazer tudo, nomeados para gerir todos os assuntos do país; guerra, instrução, comércio, produção etc., não dirigem esses assuntos e não podem dirigi-los senão no interesse do partido ao qual pertencem. Todos os vícios do governo pessoal reencontram-se em maior escala no governo representativo. Logo se pôde perceber, no próprio seio da Internacional, assim que os jacobinos sentiram-se fortes o bastante para sufocar toda opinião contrária ao jacobinismo governamental, toda rebelião empregada contra sua autoridade.

***

Então, os trabalhadores e os pensadores, agrupados em torno de Bakunin nas federações rebeldes da Internacional, lançaram a ideia da anarquia. Estudaram Proudhon, que, desde antes de 1848, lutava como Hércules contra o socialismo governamental de Louis Blanc e o comunismo autoritário e religioso de Cabet e de Leroux. Estudaram os pensadores que, desde o século passado, haviam colocado o imenso problema das relações entre o indivíduo e o Estado, e chegaram a proclamar a liberdade absoluta do indivíduo e do agrupamento, a iniciativa absoluta do grupo e do indivíduo, e, sobretudo, estudaram as sociedades atuais, os elementos de progresso e de poder nessas sociedades.

A ANARQUIA NA EVOLUÇÃO SOCIALISTA

I

Cidadãs, cidadãos,

Vós certamente vos perguntastes, muitas vezes, qual é a razão de ser da anarquia. Por que, entre tantas outras escolas socialistas, fundar mais uma escola, a escola anarquista. É a essa questão que responderei. E, para melhor respondê-la, permiti-me transportar-me ao final do século passado.

Sabeis todos o que caracterizou essa época. O desenvolvimento do pensamento. O prodigioso desenvolvimento das ciências naturais; a impiedosa crítica aos preconceitos adquiridos; as primeiras tentativas de uma explicação da natureza sobre bases verdadeiramente científicas, de observações, experiência, raciocínio.

Por outro lado, a crítica às instituições políticas legadas à humanidade pelos séculos precedentes, a marcha rumo a esse ideal de Liberdade, Igualdade e Fraternidade que, em todos os tempos, foi o ideal das massas populares.

Entravado em seu livre desenvolvimento pelo despotismo, pelo egoísmo estreito das classes privilegiadas, esse movimento, apoiado e favorecido ao mesmo tempo pela explosão das cóleras populares, engendrou a grande Revolução, que teve de abrir um caminho em meio a mil dificuldades internas e externas.

A Revolução foi vencida, mas suas ideias permaneceram. Perseguidas, conspurcadas, de início, tornaram-se a palavra de ordem de todo um século de lenta evolução. Toda a história do século XIX resume-se no esforço para pôr em prática os princípios elaborados ao final do século passado. É o destino de todas as revoluções. Embora vencidas, elas orientam a evolução que se segue.

A ANARQUIA NA EVOLUÇÃO SOCIALISTA

Na ordem política, essas ideias são a abolição dos privilégios da aristocracia, a supressão do governo pessoal, a igualdade perante a lei. Na ordem econômica, a Revolução proclama a liberdade das transações.

"Todos, enquanto estiverdes no território — diz ela —, comprai e vendei livremente. Vendei vossos produtos — se podeis produzir; e se não tiverdes para isso o ferramental necessário, se só tiverdes vossos braços para vender, vendei-os, vendei vosso trabalho a quem pagar mais: o Estado não se imiscuirá nisso! Lutai entre vós, empreendedores! Nada de favores a ninguém. A seleção natural encarregar-se-á de matar aqueles que não estiverem à altura dos progressos da indústria, e favorecer aqueles que precederem."

Eis, ao menos, a teoria da revolução do Terceiro Estado. E se o Estado intervém na luta para favorecer uns em detrimentos dos outros — vimos bastante isso, nestes dias, quando discutimos os monopólios das companhias mineradoras e as ferrovias —, será considerado pela escola liberal como um desvio lamentável aos grandes princípios da Revolução, um abuso a ser reparado.

O resultado? — Vós infelizmente o conheceis em demasia, cidadãs e cidadãos reunidos nesta sala. A opulência ociosa para alguns, a incerteza do dia seguinte e a miséria para a maioria. As crises, as guerras pelo domínio dos mercados, os gastos loucos dos Estados para buscar mercados para os industriais.

É que, proclamando a liberdade das transações, um ponto essencial foi negligenciado por nossos pais. Não que eles não o tivessem entrevisto; os melhores o desejaram, mas não ousaram realizá-lo. É que, proclamando a liberdade das transações, quer dizer, a luta entre os membros da sociedade, a sociedade não colocou frente a frente elementos de força idênticos, e os fortes, armados para a luta da herança paterna, sobrepujaram os fracos. Os milhões de pobres, frente a alguns ricos, fatalmente sucumbiram.

***

Cidadãs e cidadãos! Já vos fizestes essa pergunta: "De onde vem a fortuna dos ricos? Vem de seu trabalho?" Seria uma brincadeira de mau gosto dizer isso. Admitamos que o sr. Rothschild tenha trabalhado toda sua vida. Mas cada um de vós também, trabalhadores dessa sala, também trabalhou. Por que, então, a fortuna de Rothschild perfaz centenas de milhões, e a vossa é tão insignificante?

A razão é bem simples. É que vós próprios vos aplicastes a produzir, enquanto o sr. Rothschild dedicou-se a colher o fruto do trabalho dos outros. Aí está toda a questão.

"Todavia, como é possível", dir-me-ão, "que milhões de homens deixaram os Rothschild açambarcar o fruto de seus trabalhos?"

A resposta é simples: eles não podiam agir de outra forma, visto que são miseráveis!

Com efeito, imaginai uma cidade na qual todos os habitantes — sob a condição de produzir coisas úteis para todos — encontrem a morada, a vestimenta, a alimentação e o trabalho assegurados; e suponde que nessa cidade desembarque um Rothschild, trazendo um barril de ouro.

Se ele gastar seu ouro, o barril tornar-se-á rapidamente leve. Se ele o fechar a chaves, não transbordará, porque o ouro não brota como os feijões, e, ao final de um ano, nosso Rothschild não encontrará em sua gaveta 110 luíses se tiver guardado apenas 100. Caso monte uma fábrica e proponha aos habitantes da cidade trabalhar por cinco francos por dia, enquanto eles produzirão por dez, responder-lhe-ão: "Senhor, entre nós não encontrareis ninguém que queira trabalhar nessas condições! Ide alhures, procurai uma cidade de miseráveis que não tenham nem trabalho assegurado, nem vestes, nem pão, que consintam entregar-vos a parte do leão nos produtos de seu trabalho, em troca de uma irrisória soma para comprar pão. Ide aonde há mortos de fome! Ali fareis fortuna!"

A ANARQUIA NA EVOLUÇÃO SOCIALISTA

A origem da fortuna dos ricos é a vossa miséria!

Sem miseráveis, de início, não haverá absolutamente milionários!

***

Ora, é o que a Revolução do século passado não soube ou não pôde realizar. Ela pôs frente a frente ex-servos, mortos de fome e pés-rapados, de um lado, e do outro, aqueles que já estavam de posse de fortunas. Ela lhes disse: Lutai! E os miseráveis sucumbiram. Eles não possuíam qualquer fortuna; mas possuíam algo de mais precioso do que todo o ouro do mundo — seus braços — essa fonte de todas as riquezas — e foram subjugados pelos ricos.

Vimos surgir essas imensas fortunas que são a marca característica de nosso século. Um rei do século passado, "o grande Luís XIV" dos historiadores assalariados, alguma vez ousou sonhar com a fortuna dos reis do século XIX, os Vanderbilt e os Mackay?

Por outro lado, vimos o miserável cada vez mais obrigado a trabalhar para outros, vimos desaparecer continuamente o produtor que trabalha para si, e cada vez mais estamos sujeitos a trabalhar para enriquecer os ricos.

Procuraram remediar esses desastres. Disseram: "Demos a todos uma mesma instrução. E disseminaram a instrução. Fizeram melhores máquinas humanas, mas essas máquinas instruídas continuam a trabalhar para enriquecer os ricos. Tal cientista ilustre, tal romancista de talento é ainda a besta de carga do capitalista. O rebanho a ser explorado melhora pela instrução, mas a exploração perdura".

Em seguida, vieram falar de associação. Mas logo se deram conta de que, associando suas misérias, os trabalhadores não venceriam a resistência do capital. E aqueles mesmos que mais ilusões nutriam com relação a isso tiveram de recorrer ao socialismo.

Tímido em seus começos, o socialismo falou, de início,

em nome do sentimento, da moral cristã. Houve homens profundamente imbuídos dos aspectos morais do cristianismo — fundo de moral humana conservada pelas religiões —, que vieram dizer: "O cristão não tem o direito de explorar seus irmãos!" Mas riram-lhes na cara, respondendo: "Ensinai ao povo a resignação do cristianismo, dizei em nome do Cristo que o povo deve apresentar a face esquerda àquele que o esbofeteou na face direita, — sereis os bem-vindos! Quanto aos sonhos igualitários que encontrais no cristianismo, ide meditar vossas descobertas nas prisões!"

Mais tarde, o socialismo apostou em nome da metafísica governamental.

"Visto que o Estado", dizia ele, "tem por missão sobretudo proteger os fracos contra os fortes, é seu dever subvencionar as associações operárias. Somente o Estado pode permitir às associações de trabalhadores lutar contra o capital e opor à exploração capitalista a oficina livre dos trabalhadores, arrecadando o produto integral de seu trabalho."

A esses a burguesia respondeu com a metralha de junho de 1848.

E foi só 20 ou 30 anos depois, quando as massas populares foram convidadas a ingressar na Associação Internacional dos Trabalhadores, que o socialismo falou em nome do povo; foi só então que, elaborando-se pouco a pouco no Congresso da grande Associação e, mais tarde em seus continuadores, ele chegou a essa conclusão:

"Todas as riquezas acumuladas são produtos do trabalho de todos — de toda a geração atual e de todas as gerações precedentes. Esta casa na qual estamos reunidos neste momento, só tem valor porque está localizada em Paris, — essa cidade extraordinária onde os labores de vinte gerações vieram superpor-se. Transportada para as neves da Sibéria, o valor dessa casa seria quase nulo. Essa máquina que inventastes e patenteastes, traz em si a inteligência de cinco ou seis gerações, ela só tem valor como parte desse imenso todo que denominamos a indústria do século XIX. Transportai vossa máquina de fazer rendas para o meio dos papuas da Nova Guiné, e lá seu valor será nulo. Esse livro, enfim, essa obra de gênio que escrevestes, nós vos desafiamos, gênio de nosso século, a nos dizer qual é a parte de vossa inteligência em vossas extraordinárias deduções! Os fatos? Toda uma geração trabalhou em acumulá-los. As ideias? Talvez seja a locomotiva percorrendo os campos que vo-las sugeriu. A beleza da forma? É admirando a *Vênus de Milo* ou a obra de Murillo que vós a encontrastes. E se vosso livro exerce alguma influência sobre nós, é graças ao conjunto de nossa civilização."

Tudo nos pertence! E desafiamos quem quer que seja a nos dizer qual é a parte que cabe a cada um nas riquezas. Eis um imenso ferramental que o século XIX criou; eis milhões de escravos de ferro que denominamos máquinas e que aplainam e serram, tecem e fiam para nós, que decompõem e recompõem a matéria-prima, e fazem as maravilhas de nossa época. Ninguém tem o direito de açambarcar qualquer uma dessas máquinas e dizer aos outros: "Isso me pertence; se quiserdes vos servir dessa máquina para produzir, deveis pagar-me um tributo sobre algo que produzireis". Assim como o senhor da Idade Média não tinha o direito de dizer ao camponês: "Esta colina e este prado pertencem-me e vós me pagareis um tributo sobre cada feixe de trigo que colherdes, sobre cada meda de feno que amontoardes".

"Tudo pertence a todos! E desde que o homem e a mulher contribuam com sua quota de trabalho para produzir os objetos necessários, eles têm direito à sua quota de tudo o que será produzido por todos!"

II

Mas isso é o comunismo! — direis. Sim, é o comunismo; mas o comunismo que fala, não mais em nome da religião, não mais em nome do Estado, mas em nome do povo.

Desde há cinquenta anos, um formidável despertar produziu-se na classe operária. O preconceito da propriedade privada desaparece. Cada vez mais o trabalhador habitua-se a considerar a fábrica, a ferrovia, a mina, não como um castelo feudal pertencente a um senhor, mas como uma instituição de utilidade pública, que todos têm o direito de controlar.

A ideia de posse comum não foi elaborada, de dedução em dedução, por um pensador de gabinete. É o pensamento que germina nos cérebros da massa operária. E quando a revolução que o final deste século nos reserva tiver lançado a confusão nos campos dos exploradores — vereis que a grande massa popular reivindicará a expropriação e proclamará seu direito à fábrica, à manufatura, à locomotiva e ao barco a vapor.

Tanto o sentimento da inviolabilidade do interior de si mesmo desenvolveu-se durante a segunda metade de nosso século, quanto o sentimento do direito coletivo a tudo o que serve à produção das riquezas desenvolveu-se nas massas. É um fato; e quem quer que queira viver, como nós, a vida popular e seguir seu desenvolvimento, deve convir que essa afirmação é apenas um resumo fiel das aspirações populares.

Sim, a tendência do final do século XIX é o comunismo; não o comunismo do convento ou da caserna pregado outrora, mas o comunismo livre, que põe à disposição de todos os produtos colhidos ou fabricados em comum, deixando a cada um a liberdade de consumi-los como bem lhe aprouver, em sua casa.

É a solução mais acessível às massas populares, a solução que o povo exige nas horas solenes. Em 1848, a fórmula "De cada um segundo suas faculdades, a cada um segundo suas necessidades" é aquela que vai mais direto ao coração das massas. Se elas aclamam a República, o sufrágio universal, é porque esperam encontrar o comunismo ao final da etapa. Em 1871, na Paris sitiada, quando o povo quer fazer

um esforço supremo para resistir ao invasor, o que ele exige?
— O racionamento!

A coleta de todos os gêneros alimentícios e a distribuição segundo as necessidades de cada um. A retirada no estoque do que é abundante, o racionamento dos objetos que podem faltar, é a solução popular. Ela é praticada todos os dias no campo. Enquanto os prados são suficientes, qual é a comuna que pensa limitar seu uso? Quando o pequeno bosque e as castanhas abundam, qual comuna recusa aos seus habitantes pegar o que quiserem? E quando o grande bosque começa a faltar, o que é que o camponês introduz? O racionamento.

Retirada no estoque para todos os gêneros alimentícios que abundam. Racionamento para todos os objetos cuja produção é restrita, e racionamento segundo as necessidades, dando a preferência às crianças e aos velhos, aos fracos, em resumo.

E o todo — consumido não na marmita social, mas em casa, segundo os gostos individuais, em companhia de sua família e de seus amigos. Eis o ideal das massas das quais nos fizemos porta-vozes!

***

Mas não basta dizer "Comunismo, expropriação!" Ainda é preciso saber a quem incumbiria a gerência do patrimônio comum, e é sobre essa questão que as escolas socialistas encontram-se sobretudo divididas, uns a propor o comunismo autoritário, e nós nos pronunciando francamente pelo comunismo anarquista.

Para julgar ambos, retornemos uma vez mais ao nosso ponto de partida, a Revolução do século passado.

Ao derrubar a realeza, a Revolução proclamou a soberania do povo. Mas por uma inconsequência, bem natural, nessa época, proclamou não a soberania em permanência, mas a soberania intermitente, exercendo-se por intervalos apenas, pela nomeação de deputados que são tidos como representantes do povo. No fundo, copiou suas instituições do governo representativo da Inglaterra.

Afogou-se a Revolução no sangue, e, contudo, o governo representativo tornou-se a palavra de ordem na Europa. Toda a Europa, exceto a Rússia, tentou-o, sob todas as formas possíveis, desde o governo censitário até o governo direto das pequenas repúblicas da Helvécia.

Todavia, estranhamente, à medida que nos aproximávamos do governo representativo ideal, nomeado pelo sufrágio universal completamente livre, descobríamos seus vícios essenciais. Constatávamos que esse modo de governo peca pela base.

Não é absurdo, com efeito, tomar no seio da população um certo número de homens e confiar-lhes o cuidado de todos os interesses públicos, ao dizer: "Ocupai-vos disso, nós descarregamos sobre vós o trabalho. Cabe a vós fazer as leis sobre todos os assuntos: armamentos e cães raivosos; observatórios e tubos de chaminés; instrução e limpeza das ruas. Entendei-vos como quiserdes e legiferai, porquanto sois vós os eleitos que o povo achou bons para fazer tudo."

Não sei, cidadãos, mas me parece que se fosse oferecido a um homem sério semelhante cargo, ele deveria expressar-se aproximadamente da seguinte maneira: "Cidadãos, vós me confiais uma tarefa que me é impossível realizar. Não conheço a maioria das questões em relação às quais serei chamado a legislar. Ou agirei às cegas e não ganhareis nada com isso, ou, então, dirigir-me-ei a vós e provocarei reuniões, nas quais vós próprios tentareis colocar-vos de acordo sobre a questão, e, então, meu papel tornar-se-á inútil. Se tiverdes uma opinião a respeito e se a tiverdes formulado; se quiserdes entender-vos com outros cidadãos que, eles também, formaram opinião sobre o mesmo assunto, então podereis simplesmente permutar ideias com vossos vizinhos, e enviar um delegado que poderá pôr-se de acordo com outros delegados sobre essa questão especial; mas reservareis certamente vossa decisão definitiva. Não lhe confiareis o cuidado de fazer leis para vós. É assim que já agem os cientistas, os industriais, cada vez que eles têm de se entender sobre questões de ordem geral."

Mas isso seria a negação do regime representativo, do governo e do Estado. Contudo, é a ideia que germinou em toda a parte, desde que os vícios do governo representativo, desnudados, tornaram-se tão gritantes.

Nosso século ainda foi mais longe. Pôs em discussão os direitos dos Estados e da sociedade em relação ao indivíduo. Perguntou-se até que ponto a ingerência do Estado é necessária nos milhares de funções de uma sociedade.

***

Precisamos, com efeito, de um governo para instruir nossos filhos? Basta que o trabalhador tenha ao menos a possibilidade de instruir-se, e vereis como surgirão em toda parte, em nome da livre iniciativa dos pais, das pessoas dedicadas a pedagogia, milhares de sociedades de instrução, escolas de todo tipo, rivalizando entre si pela superioridade do ensino. Se não fôssemos esmagados por impostos e explorados por nossos patrões como o somos, não poderíamos fazê-lo infinitamente melhor nós próprios? Os grandes centros assumiriam a iniciativa do progresso e encorajariam por seu exemplo: e o progresso realizado — nenhum de vós duvidais disso — seria incomparavelmente superior ao que conseguimos obter de nossos ministérios.

O Estado é necessário ainda que para defender um território? Se bandidos armados vêm atacar um povo livre, esse povo armado, bem equipado, não é o bastião mais seguro aos agressores estrangeiros? Os exércitos permanentes são sempre derrotados pelos invasores, e — a história está aí para dizê-lo — se conseguir expulsá-los, é sempre por uma sublevação popular.

Excelente máquina para proteger o monopólio, o governo soube nos proteger contra os poucos indivíduos que entre nós seriam inclinados a causar mal? Ao criar a miséria, ele não aumenta o número de crimes, em vez de diminuí-los? Ao criar as prisões, onde populações inteiras de homens e crianças vêm abismar-se para delas sair infinitamente piores do que entraram, o Estado não mantém, à custa dos contribuintes, viveiros de vícios?

Ao nos obrigar a transferir para outros a responsabilidade de nossos interesses, não cria ele o vício mais terrível das sociedades, — a indiferença em matéria pública?

***

Por outro lado, se analisarmos todos os grandes progressos de nosso século — nosso comércio internacional, nossas descobertas industriais, nossas vias de comunicação —, nós os devemos ao Estado ou à iniciativa privada?

Eis a malha ferroviária que cobre a Europa. Em Madri, por exemplo, adquiris um bilhete direto para São Petersburgo. Viajais sobre estradas de ferro que foram construídas por milhões de trabalhadores postos em ação por uma vintena de companhias; locomotivas espanholas, francesas, bávaras, russas, virão atrelar-se ao vosso vagão. Circulais sem perder em nenhum lugar nem mesmo vinte minutos, e os duzentos francos que pagastes em Madri serão repartidos equitativamente entre as companhias que contribuíram para vossa viagem.

Pois bem, essa linha de Madri a São Petersburgo foi construída por pequenos trechos isolados que foram religados pouco a pouco. Os trens diretos são o resultado de um entendimento entre vinte companhias diferentes. Sei que houve choques no início, que companhias, levadas por um egoísmo mal compreendido, não queriam entender-se com as outras. Todavia, pergunto-vos: o que seria melhor? Sofrer esses poucos choques ou esperar que um Bismarck, um Napoleão ou um Gengis-Khan tivesse conquistado a Europa, traçado as linhas férreas no compasso e ordenado a marcha dos trens? Ainda estaríamos nas viagens em diligência.

A malha ferroviária é obra do espírito humano procedendo do simples ao composto, pelos esforços espontâneos dos interessados, e foi assim que foram feitas todas as grandes empresas de nosso século. Pagamos, é verdade, demasiado caro aos gestores dessas empresas. Razão excelente para suprimir seus ganhos; mas não para confiar a gerência das ferrovias da Europa a um governo europeu.

***

Quantos milhares de exemplos não poderíamos citar em apoio a essa mesma ideia? Tomai todas as grandes empresas: o canal de Suez, a navegação transatlântica, o telégrafo que liga as duas Américas. Considerai, enfim, essa organização do comércio que faz com que ao acordar estareis certos de encontrar o pão na padaria — se tiverdes dinheiro para comprá-lo, o que nem sempre acontece hoje em dia —, a carne no açougue e tudo de que necessitais nas lojas. Tudo isso é obra do Estado? Certamente, hoje, pagamos abominavelmente caro aos intermediários. Pois bem, esta é uma razão a mais para suprimi-los; mas não para crer que se deva confiar ao governo o cuidado de prover a nossa alimentação e nossa vestimenta.

Mas, o que digo! Se seguirmos de perto o desenvolvimento do espírito humano em nossa época, não ficaremos surpresos, para satisfazer a variedade infinita das necessidades de um homem de nosso século: sociedades para o estudo, para o comércio, para o lazer e o divertimento; pela multiplicidade das sociedades que se fundam: umas bem pequenas, para propagar a língua universal ou tal método de estenografia, outras, grandiosas, como aquela que acaba de criar-se para a defesa das costas da Inglaterra, para evitar os tribunais, e assim por diante. Se se quisesse catalogar os milhões de sociedades que existem na Europa, seriam necessários volumes, e veríamos que não há um único ramo da atividade humana que não sejam visadas por elas. O próprio Estado apela a elas em sua atribuição mais importante — a guerra.

Ele disse: "Nós nos encarregamos de massacrar, mas somos incapazes de pensar em nossas vítimas; fazei uma sociedade da Cruz Vermelha para recolhê-los nos campos de batalha e tratar deles!"

***

Pois bem, cidadãs e cidadãos, que outros preconizem a caserna industrial e o convento do comunismo autoritário, quanto a nós, declaramos que a tendência das sociedades está em uma direção oposta. Vemos milhões e milhões de grupos constituindo-se livremente para satisfazer a todas as necessidades variadas dos seres humanos — grupos formados, uns por bairro, por rua, por casa; outros dando-se as mãos através das muralhas das cidades, das fronteiras, dos oceanos. Todos compostos de seres humanos que se buscam livremente e, depois de ter desempenhado seu trabalho de produtor, associam-se, seja para consumir, seja para produzir os objetos de luxo, seja para fazer funcionar a ciência em uma nova direção.

É a tendência do século XIX, e nós a seguimos; só pedimos para desenvolvê-la livremente, sem entraves por parte dos governantes.

Liberdade ao indivíduo! "Pegai pedras, dizia Fourier, colocai-as em uma caixa e sacudi-as; elas se arranjarão por si próprias em um mosaico que nunca conseguiríeis fazer se confiásseis a alguém o cuidado de dispô-las harmoniosamente."

III

Agora, cidadãs e cidadãos, deixai-me passar à terceira parte de meu tema — a mais importante do ponto de vista do futuro.

Não há por que duvidar: vão-se as religiões. O século XIX desferiu-lhe um golpe de misericórdia. Mas as religiões, todas as religiões, têm uma dupla composição. Contêm, de início, uma cosmogonia primitiva, uma explicação grosseira

A ANARQUIA NA EVOLUÇÃO SOCIALISTA

da natureza; e contêm, em seguida, uma exposição da moral popular, nascida e desenvolvida no seio da massa do povo.

Jogando as religiões ao mar, relegando-as aos arquivos a título de curiosidade, suas cosmogonias, iremos também relegar aos museus os princípios de moral que elas contêm?

Fez-se isso, e vimos toda uma geração declarar que, por não mais crer nas religiões, ela desdenhava também da moral e proclamava abertamente o "cada um por si" do egoísmo burguês.

Mas uma sociedade, humana ou animal, não pode existir sem que se elabore em seu seio certas regras e certos hábitos de moral. A religião pode passar, a moral resta.

Se chegássemos a considerar que cada um faz bem em mentir, enganar seus vizinhos, despojá-los se puder (é a moral da burguesia em seus aspectos econômicos), não poderíamos mais viver juntos. Assegurai-me vossa amizade, mas talvez seja apenas para melhor roubar-me. Prometei-me fazer tal coisa, e é ainda para enganar-me. Prometei-me transmitir uma carta, e ma roubais, como um simples diretor de prisão!

Nessas condições, a sociedade torna-se impossível, e todo mundo sente muito bem que a negação das religiões não impede de modo algum a moral pública de se manter, desenvolver-se e garantir para si um objetivo cada vez mais elevado.

Esse fato é tão marcante que os filósofos buscam explicá-lo pelos princípios do utilitarismo; e, recentemente, Spencer procurou justificar essa moralidade que existe entre nós com as causas fisiológicas e nas necessidades de conservação da espécie.

Quanto a nós, para melhor dizer o que pensamos disso, permiti-me explicar com um exemplo: uma criança se afoga, e quatro homens na margem a veem debater-se nas águas. Um deles não se mexe — é partidário do "cada um por si" da burguesia comercial, é um bruto —, não falemos dele!

Um outro faz a seguinte reflexão: "Se eu salvar a criança, uma boa relação será feita com quem de direito nos céus, e o Criador me recompensará duplicando meus rebanhos e meus servos". E ele se lança na água. Trata-se de um homem moral? Evidentemente não! É um bom calculista, eis tudo.

Um terceiro — o utilitarista — ponderará assim (ou pelo menos os filósofos utilitaristas fazem-no raciocinar assim):

"Os gozos podem ser classificados em duas categorias: os inferiores e os superiores. Salvar alguém é um gozo superior, infinitamente mais intenso e durável do que todos os outros; portanto, salvemos a criança!"

Admitindo que nunca um homem tenha raciocinado assim, esse homem não seria um terrível egoísta? E, depois, estaríamos sempre seguros de que, em um dado momento, seu cérebro de sofista não faria pender sua vontade para o lado dos gozos inferiores, quer dizer, do *laissez-faire*?

Eis, enfim, o quarto. Desde sua infância, ele foi educado para sentir-se uno com todo o resto da humanidade. Desde a infância, sempre pensou que os homens são solidários. Habituou-se a sofrer quando outros sofrem ao seu lado e a sentir-se feliz quando todos estão felizes! Assim que ouviu o grito desesperado da mãe, saltou na água sem refletir, por instinto, para salvar a criança. E, quando a mãe agradece, ele responde: "Mas por que motivo, cara senhora? Estou tão feliz de ver-vos feliz. Agi com naturalidade, eu não podia agir de outro modo!".

Vossos olhares mo dizem, cidadãos: "Eis o homem realmente moral, e os outros são apenas egoístas ao lado dele".

Pois bem, cidadãos, toda a moral anarquista está aí. É a moral do povo que não procura complicar. Moral sem obrigação nem sanção, moral por hábito. Criemos as circunstâncias nas quais o homem não seja levado a mentir, a enganar, a explorar os outros; e o nível moral da humanidade, em razão da própria força das coisas, elevar-se-á a uma altura desconhecida até agora.

Ah, é verdade, não é ensinando um catecismo de moral que se moralizam os homens. Não são os tribunais e as prisões que reduzem os vícios. Eles, aliás, o derramam em torrente na sociedade. Mas é preciso colocar os homens em uma situação favorável para o desenvolvimento dos hábitos sociais, que atenue aqueles que não estão dispostos a isso.

Eis o único meio de moralizar os homens.

Moral passada ao estado de espontaneidade, — é a verdadeira moral a única que resta, enquanto as religiões e os sistemas filosóficos passam.

***

Agora, cidadãs e cidadãos, combinai esses três elementos e tereis a anarquia e seu lugar na evolução socialista.

Emancipação do produtor do jugo do capital. Produção em comum e consumo livre de todos os produtos do trabalho em comum.

Emancipação do jugo governamental. Livre desenvolvimento dos indivíduos nos grupos e dos grupos nas federações. Organização livre do simples ao composto, segundo as necessidades e as tendências mútuas.

Emancipação da moral religiosa. Moral livre, sem obrigação nem sanção, que se desenvolva da própria vida das sociedades e passe ao estado de hábito.

Não é um sonho de pensadores de gabinete. É uma dedução que resulta da análise das tendências das sociedades modernas. O comunismo anarquista é a síntese das duas tendências fundamentais de nossas sociedades: tendência rumo à igualdade econômica, tendência rumo à liberdade política.

Enquanto o comunismo apresentava uma forma autoritária — que implica necessariamente um governo armado de um poder bem maior do que possui hoje, visto que implica o poder econômico além do poder político, — o comunismo não encontrava eco. Ele pôde encantar, por um momento, o trabalhador de antes de 1848, pronto a suportar qualquer governo todo-poderoso desde que o faça sair da terrível situação em que se encontra. Mas deixava frios os verdadeiros amigos da liberdade. Hoje, a educação em matéria política fez tão grande progresso que o governo representativo, quer seja limitado à comuna, quer seja estendido a toda a nação, não encanta mais os operários das cidades.

O comunismo anarquista mantém essa conquista, a mais preciosa de todas — a liberdade do indivíduo. Ele a amplia ainda mais e lhe concede uma base sólida —, a liberdade econômica, sem a qual a liberdade política permanece ilusória.

O comunismo não pede ao indivíduo, após ter imolado o deus-senhor do universo, o deus-César e o deus-Parlamento, para entregar-se a algo mais terrível que os precedentes, — o deus-Comunidade, para abdicar sobre seu altar sua independência, sua vontade, seu gosto e fazer o voto de ascetismo que fazia outrora diante do deus crucificado.

Diz-lhe, ao contrário: "Não haverá sociedade livre enquanto o indivíduo assim não o for! Não se muda a sociedade impondo-lhe uma autoridade que tudo nivela. Fracassarás nessa empresa assim como o papa e César. Mas modifica a sociedade de modo que teus semelhantes não sejam forçosamente teus inimigos. Abole as condições que permitem a alguns açambarcar o fruto do labor dos outros. E, em vez de buscar construir a sociedade de cima para baixo, do centro para a periferia, deixa-a desenvolver-se livremente do simples ao composto, pela livre união dos grupos livres.

Essa marcha, hoje dificultada, é a verdadeira marcha da sociedade. Não procura entravá-la, não dá as costas ao progresso, marcha com ele! — Então, o sentimento de sociabilidade comum aos seres humanos, como o é a todos os animais que vivem em sociedade, podendo desenvolver-se livremente quando nossos semelhantes deixam de ser nossos inimigos. Chegaremos a um estado de coisas no qual cada um poderá

A ANARQUIA NA EVOLUÇÃO SOCIALISTA

dar curso a seus pendores, até mesmo a suas paixões, sem outra exigência além do amor e do respeito por aqueles que o cercam."

Eis nosso ideal. É o ideal oculto nos corações dos povos, de todos os povos.

Sabemos que não chegaremos a esse ideal sem fortes abalos.

O final deste século nos prepara uma formidável revolução. Que ela parta da França, da Alemanha, da Espanha ou da Rússia, ela será europeia. Espalhar-se-á com a mesma rapidez daquela de nossos antepassados, os heróis de 1848: incendiará a Europa.

Não se fará em nome de uma simples mudança de governo. Terá um caráter social. Haverá começos de expropriação, exploradores serão expulsos. Que vós o desejeis ou não, isso se fará independentemente da vontade dos indivíduos, e quem tocar na propriedade privada será forçado a avançar ao comunismo; ele impor-se-á. Mas o comunismo não pode ser nem autoritário, nem parlamentar. Ele será anarquista, ou não o será. A massa popular não quer mais confiar em nenhum salvador: buscará organizar-se por si mesma.

Não é porque imaginamos os homens melhores do que são, que falamos de comunismo e anarquia. Se existissem anjos entre nós, poderíamos confiar-lhes a tarefa de nos organizar. E ainda assim os chifres cresceriam neles muito rápido! Mas é precisamente porque vemos os homens tais como são, que concluímos: "Não confiai-lhes a responsabilidade de vos governar. Tal ministro abjeto seria, talvez, um excelente homem se não lhe tivessem dado o poder. O único meio de chegar à harmonia dos interesses é a sociedade sem exploradores, sem governantes."

Precisamente porque não existem anjos entre os homens, dizemos: fazei de tal modo que cada homem veja seu interesse nos interesses dos outros, então, não tereis mais a temer suas más paixões.

***

O comunismo anarquista, como o resultado inevitável das tendências atuais, ruma para esse ideal ao qual devemos contribuir, em vez de dizer: "Sim, a anarquia é um excelente ideal", e, em seguida, virar-lhe as costas.

E se a próxima revolução não conseguir realizar esse ideal por inteiro, tudo o que for feito a seu favor restará; tudo o que for feito contrariamente estará condenado a desaparecer um dia.

Regra geral. Uma revolução popular pode ser vendida, mas é ela que dá a palavra de ordem do século de evolução que lhe sucede. A França expirou sob o calcanhar dos aliados em 1815, e é a França que impõe à Europa a abolição da servidão, o regime representativo. O sufrágio universal está afogado no sangue, e é o sufrágio universal que fornece a palavra de ordem do século.

A Comuna expirou em 1871 sob metralhas, e é a comuna livre que é hoje a palavra de ordem na França.

E se o comunismo anarquista for vencido na próxima revolução, após ter se afirmado claramente, não apenas restará a abolição da propriedade privada; não apenas terá o trabalhador conquistado seu verdadeiro espaço na sociedade; não apenas a aristocracia fundiária e industrial receberá um golpe mortal; mas será o comunismo anarquista que se tornará o centro das atenções da evolução do século xx.

Ele resume o que a humanidade elaborou de mais belo, de mais durável: o sentimento de justiça, aquele da liberdade, a solidariedade como necessidade para o homem. E garante a liberdade para a evolução do indivíduo e da sociedade. Ele triunfará.

A AÇÃO ANARQUISTA NA REVOLUÇÃO

I

O massacre dos burgueses com vista ao triunfo da revolução é um sonho insensato. Seu próprio número opõe-se a isso, pois, além dos milhões de burgueses que deveriam desaparecer na hipótese dos Fouquier-Tinville modernos, haveria ainda os milhões de trabalhadores semiburgueses que deveriam segui-los. Com efeito, estes não pedem outra coisa que se tornar, por sua vez, burgueses, e se apressariam para se tornar, se a existência da burguesia só fosse golpeada em seus resultados e não em suas causas. Quanto ao terror, organizado e legalizado, não serve senão a forjar cadeias para o povo. Elimina a iniciativa individual, que é a alma das revoluções; perpetua a ideia de governo forte e a obediência; prepara a ditadura daquele que colocará a mão sobre o tribunal revolucionário e saberá manipulá-lo, com astúcia e prudência, no interesse de seu partido.

Arma dos governantes, o terror serve antes de tudo aos chefes das classes governantes; prepara o terreno para que o menos escrupuloso dentre eles chegue ao poder.

O terror de Robespierre devia resultar no de Tallien, e este, na ditadura de Bonaparte. Robespierre incubava Napoleão.

Para vencer a burguesia, é preciso algo completamente diferente da sua força atual; outros elementos diferentes daqueles que ela tão bem aprendeu a manipular. Eis por que devemos, de início, ver o que faz sua força, e a essa força opor uma outra, superior.

A AÇÃO ANARQUISTA NA REVOLUÇÃO

***

O que permitiu aos burgueses, com efeito, escamotear todas as revoluções desde o século xv? Aproveitar-se disso para subjugar e aumentar sua dominação em bases bem mais sólidas do que o respeito pelas superstições religiosas ou o direito de nascença da aristocracia?

É o Estado. É o crescimento contínuo e a ampliação das funções do Estado, embasado nessa fundação bem mais sólida do que a religião ou o direito de hereditariedade — a lei. Enquanto durar o Estado, enquanto a lei permanecer sagrada aos olhos dos povos, enquanto as revoluções futuras trabalharem pela manutenção e pela ampliação das funções do Estado e da lei, os burgueses conservarão o poder e dominarão as massas. A constituição do Estado onipotente pelos legistas é a origem da burguesia, e é ainda o Estado onipotente que faz a força atual da burguesia. Pela lei e pelo Estado, os burgueses apoderaram-se do capital e constituíram sua autoridade. Pela lei e pelo Estado, eles a mantêm. Pela lei e pelo Estado, prometem ainda reparar os males que corroem a sociedade.

***

Com efeito, enquanto todos os assuntos do país estiverem entregues a alguns, e esses assuntos tiverem a complexidade inextricável que têm hoje, os burgueses poderão dormir tranquilos. São eles que, retomando a tradição romana do Estado onisciente, criaram, elaboraram, constituíram esse mecanismo: são eles que foram seus sustentáculos através da história moderna. Eles o estudam em suas universidades, mantêm-no em seus tribunais, ensinam-no na escola, propagam-no, inculcam-no por meio da imprensa.

Seu espírito é tão bem modelado na tradição do Estado que nunca renunciam a ela, mesmo em seus sonhos de futuro. Suas utopias trazem seu selo. Nada podem conceber fora dos princípios do Estado romano, no que concerne à estrutura da sociedade. Se encontram instituições desenvolvidas fora dessas concepções, e seja na vida dos camponeses franceses, seja alhures, a destroem em vez de reconhecer sua razão. Foi assim que os jacobinos continuaram a obra de destruição das instituições populares da França, começada por Turgot. Aboliam as assembleias primárias de vilarejos, o *mir*[1] que ainda vivia, achando-o demasiado tumultuoso e insuficientemente ordenado. Os jacobinos continuavam sua obra: aboliam as comunidades de família, que haviam escapado do machado do direito romano; davam o golpe de misericórdia na posse comunal do solo; preferiam fazer as leis draconianas contra os vendeenses[2] aos milhares do que dar-se o trabalho de compreender suas instituições populares. E os jacobinos modernos, ao encontrar a comuna e a federação das tribos entre os kabiles, preferem massacrar essas instituições por seus tribunais a infringir suas concepções de propriedade e de hierarquia romanas. Os burgueses ingleses fizeram o mesmo na Índia.

Assim, no dia em que a Grande Revolução do século passado abraçou, por sua vez, as doutrinas romanas do Estado onipotente, sentimentalizadas por Rousseau e representadas por ele com uma etiqueta de Igualdade e Fraternidade romano-católicas, no dia em que tomou por base da organização social, a propriedade e o governo eletivo, foi aos netos dos "legistas" do século XVII, aos burgueses que incumbiu a tarefa de organizar e governar a França segundo esses princípios. O povo não tinha mais nada a fazer em relação a isso, sua força criadora encontrava-se em uma direção totalmente diferente.

II

Se, por infelicidade, durante a próxima revolução, o povo, uma vez mais, não compreender que sua missão histórica é

---

[1] Vila ou comunidade de camponeses. [N. do E.]
[2] Da província de Vendée, na França, que organizou uma insurreição contra-revolucionária em 1793. [N. do E.]

destruir o Estado, criado pelo Código de Justiniano e pelos éditos papais, se ele ainda se deixar ofuscar pelas concepções romanas "legais", de Estado e de propriedade (a que os socialistas autoritários trabalham devidamente), então, deverá, uma vez mais, abandonar a tarefa de estabelecer essa organização àqueles que são seus verdadeiros representantes históricos — os burgueses.

Se ele não compreender que a verdadeira razão de ser de uma revolução popular é demolir o Estado, necessariamente hierárquico, para buscar em seu lugar o livre entendimento entre indivíduos e grupos, a federação livre e temporária (cada vez com um objetivo determinado), se não compreender que é necessário abolir a propriedade e o direito de adquiri-la, suprimir o governo dos eleitos, que veio substituir o livre consentimento de todos, se o povo renunciar às tradições de liberdade do indivíduo, de agrupamento voluntário e do livre consentimento, tornando-se a base das regras de conduta, — tradições que fizeram a essência de todos os movimentos populares precedentes e de todas as instituições de criação popular —, se ele abandonar essas tradições e adotar aquelas da Roma católica, então, nada terá a fazer na revolução; deverá deixar tudo à burguesia e limitar-se a pedir algumas concessões.

A concepção estatista é absolutamente estranha ao povo. Felizmente, ele nada compreende dela, não sabe servir-se dela. Permaneceu povo; permaneceu imbuído de concepções do que se denomina direito comum, concepções baseadas em ideias de justiça recíproca entre indivíduos, em fatos reais, enquanto o direito dos Estados é baseado em concepções metafísicas, em ficções ou em interpretações de palavras criadas em Roma e em Bizâncio durante um período de decomposição, para justificar a exploração e a supressão dos direitos populares. O povo tentou várias vezes entrar nas esferas do Estado, apoderar-se dele, servir-se dele. Jamais conseguiu.

E sempre acabava por abandonar esse mecanismo de hierarquia e de leis a outros; ao soberano após as revoluções do século XVI, aos burgueses após aquelas do século XVII na Inglaterra e do século XVIII na França.

A burguesia, ao contrário, identificou-se por completo com o direito dos Estados. É o que faz sua força. É o que lhe dá essa unidade de pensamento que nos surpreende a cada instante.

Com efeito, um Ferry pode detestar um Clémenceau; um Floquet, um Freycinet, um Ferry podem imaginar os golpes que eles preparam para arrancar a presidência de um Grévy ou de um Carnot; o papa e seu clero podem odiar os três compadres e frustrá-los suplantando-os; o boulangista pode envolver em seus ódios o clero e o papa, Ferry e Clémanceau. Tudo isso pode acontecer e acontece. Todavia, algo de superior a essas inimizades une-os todos, desde a cocote dos bulevares até o hipócrita Carnot, desde o ministro até o último professor de um liceu laico ou religioso. É o culto à autoridade.

Eles não podem conceber a sociedade sem um governo forte e obedecido. Sem a centralização, sem uma hierarquia que se irradia desde Paris ou Berlim até ao último guarda-campestre, que submete o último lugarejo às ordens da capital. Só veem a dispersão. Sem um código — a criação comum dos montanheses da Convenção e dos príncipes do império —, só veem assassinatos, incêndios, malfeitores nas ruas. Sem a propriedade garantida pelo código, só veem campos desertos e cidades em ruína. Sem um exército, embrutecido até o ponto de obedecer cegamente a seus chefes, veem o país atormentado pelos invasores; e sem os juízes, envoltos em tanto respeito quanto o *corpus dei* o era na Idade Média, só preveem a guerra de cada um contra todos. O ministro e o guarda-campestre, o papa e o professor estão de acordo em relação a esses pontos. É o que faz sua força comum.

***

A AÇÃO ANARQUISTA NA REVOLUÇÃO

Não ignoram que o roubo é permanente nos ministérios, civis e militares. Mas "pouco importa!", dizem; são apenas acidentes de pessoas; e enquanto os ministérios existirem, a bolsa e a pátria não estarão em perigo.

Eles sabem que as eleições fazem-se com dinheiro, canecas de cerveja e quermesses, e que nas Câmaras os votos são comprados por cargos, concessões e roubos. Pouco importa! — a lei votada pelos eleitos do povo será tratada por eles como sagrada. Ela será eludida, violada se incomodar, mas se fará discursos inflamados sobre seu caráter divino.

O presidente do Conselho e o líder da oposição podem insultar-se mutuamente na Câmara, mas, finda a justa oratória, cercam-se mutuamente de respeito: são dois líderes, duas funções necessárias no Estado. E se o promotor e o advogado lançam insultos um ao outro por sobre a cabeça do acusado e tratam-se mutuamente de mentiroso e canalha, de maneira grosseira, e concluídos os discursos, apertam-se as mãos e felicitam-se um ao outro por suas perorações "palpitantes". Não é hipocrisia, não é saber viver. Do fundo de seu coração, o advogado admira o promotor e o promotor admira o advogado; veem um no outro algo de superior a suas personalidades, duas funções, dois representantes da justiça, do governo, do Estado. Toda a sua educação preparou-os para essa maneira de ver que permite sufocar os sentimentos humanos sob fórmulas da lei. Nunca o povo chegará a essa perfeição, e seria melhor para ele jamais desejar arriscar-se nisso.

***

Uma adoração comum, um culto comum une todos os burgueses, todos os exploradores. O líder do poder e o líder da oposição legal, o papa e o ateu burguês adoram igualmente um mesmo deus, e esse deus de autoridade reside até nos recantos mais ocultos de seus cérebros. Eis por que eles permanecem unidos apesar de suas divisões. O líder do Estado não se separaria do chefe da oposição, e o promotor, do advogado, senão no dia em que aquele pusesse em dúvida a própria instituição do parlamento, e se o advogado tratasse o próprio tribunal como autêntico niilista, isto é, se negasse seu direito à existência. Então, mas só então, poderiam separar-se. Enquanto isso, estão unidos para consagrar seu ódio àqueles que minam a supremacia do Estado e destroem o respeito pela autoridade. Contra estes eles são implacáveis. E se os burgueses da Europa inteira consagraram tanto ódio aos trabalhadores da Comuna de Paris, é porque criam ver neles autênticos revolucionários, prontos a lançar ao mar o Estado, a propriedade e o governo representativo.

Compreende-se, assim, qual força esse culto comum do poder hierárquico dá à burguesia.

Por mais podre que ela seja nos três quartos de seus representantes, ela ainda tem em seu seio um bom quarto de homens que mantêm firme a bandeira do Estado. Após o trabalho, aplicados à tarefa tanto por sua religião legalitária quanto pelos apetites de poder, trabalham sem descanso para consolidar e propagar esse culto. Toda uma literatura imensa, todas as escolas sem exceção, toda a imprensa estão a seu serviço, e, sobretudo em sua juventude, trabalham sem trégua para combater todas as tentativas de atacar a concepção estatista legalitária. E quando momentos de luta chegam, todos, os fracos, bem como os vigorosos, agrupam-se compactos ao redor dessa bandeira. Sabem que reinarão, enquanto essa bandeira tremular.

Também se compreende quão insensato é querer colocar a revolução sob essa bandeira, buscar conduzir o povo contra todas as suas tradições, aceitar esse mesmo princípio, que é aquele da dominação e da exploração. A autoridade é a bandeira deles, e enquanto o povo não tiver uma outra, que será a expressão de suas tendências de comunismo, antilegalitárias e antiestatistas — anti-romanas, em resumo — ele será forçado a se deixar conduzir e dominar pelos outros.

A AÇÃO ANARQUISTA NA REVOLUÇÃO

É aqui, sobretudo, que o revolucionário deve ter a audácia do pensamento. Ele deve ter a audácia de romper inteiramente com a tradição romano-católica; deve ter a coragem de dizer para si próprio que o povo deve elaborar por si próprio toda a organização das sociedades sob a égide da justiça, real, tal como a concebe o direito comum popular.

III

A abolição do Estado, dizíamos, eis a tarefa que se impõe ao revolucionário, àquele, ao menos, que tem a audácia do pensamento, sem a qual não se faz revoluções. Nisso, tem contra si todas as tradições da burguesia. Mas tem a seu favor toda a evolução da humanidade que nos impõe nesse momento histórico a libertação de uma forma de agrupamento, tornada, talvez, necessária pela ignorância dos tempos passados, mas doravante hostil a todo progresso ulterior.

Entretanto, a abolição do Estado permaneceria uma vã palavra se as causas que hoje tendem a produzir a miséria subsistissem. Assim como a riqueza dos poderosos, como o capital e a exploração, o Estado nasceu do empobrecimento de uma parte da sociedade. Sempre foi preciso que alguns caíssem na miséria, em consequência de migrações, invasões, pestes ou penúria, para que outros enriquecessem e adquirissem uma autoridade, que podia crescer doravante tornando os meios de existência das massas cada vez mais incertos.

A dominação política não pode ser abolida sem abolir as próprias causas do empobrecimento, da miséria das massas.

Para isso — já o dissemos muitas vezes —, só vemos um meio. Assegurar, de início, a existência e, inclusive, o conforto para todos; organizar-se de modo a produzir, societariamente, tudo o que é necessário para assegurar o conforto. Com os meios de produção atuais, é mais do que possível, é fácil.

É aceitar o que resulta de toda evolução econômica moderna, quer dizer, conceber a sociedade inteira como um todo que produz riquezas, sem que seja possível determinar a parte que cabe a cada um na produção. É organizar-se em sociedade comunista, não por considerações de justiça absoluta, mas porque se tornou impossível determinar a parte do indivíduo no que não é mais uma obra individual.

Como se vê, o problema que se ergue diante do revolucionário de nosso século é imenso. Já não basta apenas negar por exemplo, a servidão, ou renunciar à supremacia do papa.

Trata-se de uma obra construtiva: abrir uma nova página da história universal, elaborar uma ordem de coisas completamente nova, baseada não mais na solidariedade no seio da tribo, ou da comunidade do vilarejo, ou da cidade, mas sobre a solidariedade e a igualdade de todos. As tentativas de solidariedade limitada, seja pelos laços de parentesco, seja por delimitações territoriais, seja por laços de guildas ou de classes, tendo fracassado, somos levados a trabalhar na elaboração de uma sociedade, embasada em uma concepção bem mais vasta do que a que serviu para manter as sociedades da Idade Média ou da Antiguidade.

O problema a resolver não é tão simples quanto foi amiúde apresentado. Mudar os homens no poder e entrar cada um em sua oficina para retomar seu trabalho de ontem, colocar em circulação o bônus de trabalho e trocá-los por mercadorias — essas soluções simplistas não bastariam; isso não duraria, visto que a produção atual é falsa tanto nos objetivos que persegue quanto nos meios que põe em jogo.

Feita para manter a pobreza, a produção não poderia assegurar a abundância, e é a abundância que as massas reivindicam, desde que compreenderam sua força produtiva, tornada imensa pelos progressos da ciência e da técnica modernas. Elaborada com vistas a manter as massas em um estado vizinho da miséria, com o espectro da fome sempre pronta a forçar o homem a vender suas forças aos detentores do solo, do capital e do poder, como a organização atual da produção proporcionaria o bem-estar?

Elaborada a fim de manter a hierarquia dos trabalhadores,

criada para explorar o camponês em proveito do artista, e assim por diante — enquanto os países civilizados explorarão os países atrasados em civilização —, como a agricultura e a indústria, tais como são hoje, poderiam assegurar a igualdade?

Todo o caráter da agricultura, da indústria, do trabalho necessita ser mudado inteiramente, uma vez que a sociedade retorna à ideia de que o solo, a máquina, a fábrica devem ser campos de aplicação do trabalho, para proporcionar o bem-estar a todos. Antes de entrar na oficina, "após a revolução", como nos dizem os fazedores de utopias socialistas autoritárias, será ainda preciso saber se tal oficina, tal fábrica, produzindo instrumentos aperfeiçoados de instrução ou embrutecimento, tem sua razão de ser; se o campo deve ser parcelado ou não, se o cultivo deve se fazer como entre os bárbaros há mil e quinhentos anos, ou se deve ser feito com o intuito de dar a maior quantidade de produtos necessários ao homem.

Há todo um período de transformações a atravessar. Há um revolução para levar à fábrica e ao campo, à choupana e à casa urbana, à ferramenta agrícola bem como à máquina potente das grandes oficinas, ao agrupamento dos cultivadores bem como aos agrupamentos dos operários da manufatura, assim como nas relações econômicas entre todos aqueles que trabalham, na troca e no comércio, que também devem ser socializados, assim como o consumo e a produção.

É preciso, além do mais, que todo mundo viva durante esse período de transformação, que todo mundo sinta-se mais à vontade do que no passado.

***

Quando os habitantes das comunas do século XII empreenderam fundar nas cidades revoltadas uma nova sociedade, liberta do senhor, eles começaram por estabelecer um pacto de solidariedade entre todos os habitantes. Os revoltosos das comunas juraram apoio mútuo; fizeram o que se denominou "conjurações" das comunas.

É por um pacto do mesmo gênero que deverá começar a revolução social. Um pacto pela vida em comum, não pela morte; de união e não de extermínio mútuo. Um pacto de solidariedade, para considerar toda a herança do passado como posse comum, um pacto para partilhar segundo os princípios da equidade tudo o que pode servir para atravessar a crise: víveres e munições, habitações e forças acumuladas, ferramentas e máquinas, saber e poder; um pacto de solidariedade para o consumo dos produtos bem como para o uso dos meios de produção.

Fortes por suas conjurações, os burgueses do século XII — no momento mesmo de começar a luta contra o senhor, para poder existir durante essa luta e conduzi-la a bom termo — puseram-se a organizar suas sociedades de guildas e de ofícios. Conseguiram, assim, garantir um certo bem-estar aos citadinos. Do mesmo modo, forte pelo pacto de solidariedade que ligará a sociedade inteira para atravessar os momentos alegres ou difíceis, e partilhar as conquistas bem como as derrotas, a revolução poderá, então, empreender em plena segurança a imensa obra de reorganização da produção que terá diante de si. Mas esse pacto, ela deverá concluí-lo, se quiser viver.

Em sua nova obra, que deverá ser uma obra construtiva, as massas populares deverão contar sobretudo com suas próprias forças, com sua iniciativa e seu gênio organizador, com sua capacidade de abrir novas vias, porque toda a educação da burguesia é feita em uma via absolutamente oposta.

O problema é imenso. Mas não é reduzindo-o de antemão que o povo encontrará as forças necessárias para resolvê-lo. É, ao contrário, concebendo-o em toda a sua grandeza e buscando sua inspiração nas próprias dificuldades da situação que se encontrará o gênio necessário para vencer.

Todos os progressos realmente grandes da humanidade, todas as ações realmente grandes dos povos foram feitos dessa maneira, e é da concepção de toda grandeza de sua tarefa que a revolução tirará suas forças.

Não é preciso que o revolucionário tenha plena consciência da tarefa que lhe incumbe? Que ele não feche os olhos para as dificuldades? Que ele saiba encará-las?

Foi fazendo uma conjuração contra todos os senhores — uma conjuração para garantir a todos a liberdade e um certo bem-estar — que os citadinos revoltados iniciaram no século XII. Também é por uma conjuração para garantir a todos o pão e a liberdade que deverá começar a revolução social. Que todos, sem exceção, saibam que, aconteça o que acontecer à revolução, seu primeiro pensamento será sempre consagrado a prover de pão, morada, roupas os habitantes da cidade ou do território, e só por esse fato de solidariedade geral a revolução encontrará forças que faltaram às revoluções precedentes.

Mas, para isso, é preciso renunciar aos erros da antiga economia política burguesa. É necessário desfazer-se para sempre do salariado sob todas as suas formas possíveis, e encarar a sociedade como um grande todo, organizado para produzir a maior quantidade possível de bem-estar, com a mínima perda de forças humanas. É preciso habituar-se a considerar a remuneração dos serviços como uma impossibilidade, como uma tentativa fracassada do passado, como um estorvo para o futuro, se ela continuasse a existir.

E é preciso desfazer-se, não apenas superficialmente, mas até nas mínimas aplicações, do princípio de autoridade, da concentração das funções que são a essência da sociedade atual.

Posto o problema desta forma, seria bem triste se os trabalhadores revolucionários iludissem-se com a sua simplicidade, ou se não buscassem desde já se conscientizar da maneira como entendem resolvê-lo.

IV

A burguesia é uma força, não apenas porque possui a riqueza, mas sobretudo porque tirou proveito da liberdade que lhe dava a riqueza para instruir-se na arte de governar e para elaborar uma ciência que serve para justificar a dominação. Ela sabe o que quer, sabe o que é preciso para que seu ideal de sociedade mantenha-se; e, enquanto o trabalhador não souber, ele também, o que é preciso, e como chegar a isso, permanecerá escravo daquele que sabe.

Seria certamente absurdo querer elaborar, na imaginação, uma sociedade tal como deverá sair da revolução. Seria bizantinismo disputar de antemão por causa dos meios para prover tal necessidade da sociedade futura, ou o modo de organizar tal detalhe da vida pública. Os romances que fazemos sobre o futuro só são destinados a precisar nossas aspirações, demonstrar a possibilidade de uma sociedade sem amo, ver se o ideal pode ser aplicado sem se chocar a obstáculos intransponíveis. O romance permanece romance. Mas há sempre algumas grandes linhas sobre as quais devemos estar de acordo para construir o que quer que seja.

Os burgueses de 1789 sabiam perfeitamente que seria inútil discutir os detalhes do governo parlamentar com o qual sonhavam; mas estavam de acordo em relação a dois pontos essenciais: queriam um governo forte, e esse governo devia ser representativo. Mais do que isso: devia ser centralizado, tendo por órgãos nas províncias uma hierarquia de funcionários, bem como toda uma série de pequenos governos nas municipalidades eleitas. Mas, também, devia ser constituído de dois ramos separados: o poder legislativo e o poder executivo. O que eles denominavam "justiça" devia ser independente do poder executivo, e, também, até certo grau, do poder legislativo.

Estavam de acordo em relação a dois pontos essenciais da questão econômica. Em seu ideal de sociedade, a propriedade privada deveria ser excluída da discussão, e a pretensa "liber-

A AÇÃO ANARQUISTA NA REVOLUÇÃO

dade do contrato" deveria ser proclamada como princípio fundamental da organização. Além do mais, os melhores dentre eles acreditavam, com efeito, que esse princípio iria realmente regenerar a sociedade e tornar-se uma fonte de enriquecimento para todos.

Ainda mais conciliadores quanto aos detalhes, visto que estavam firmes quanto a esses pontos essenciais, eles puderam, em um ou dois anos, reorganizar totalmente a França segundo seu ideal e dar-lhe um código civil (usurpado mais tarde por Napoleão), código que foi copiado posteriormente pelas burguesias europeias, assim que chegaram ao poder.

Trabalhavam para isso com um conjunto maravilhoso. E se, mais tarde, lutas terríveis surgiram na Convenção, foi porque o povo, vendo-se enganado em suas esperanças, veio com novas exigências que seus líderes nem mesmo compreenderam, ou que alguns dentre eles buscaram em vão conciliar com a revolução burguesa.

Os burgueses sabiam o que queriam; haviam pensado nisso durante muito tempo. Por longos anos, haviam nutrido um ideal de governo; e quando o povo sublevou-se, eles o fizeram trabalhar pela realização de seu ideal, fazendo-lhe algumas concessões secundárias em alguns pontos, tais como a abolição dos direitos feudais ou a igualdade diante da lei.

***

Sem se perder nos detalhes, os burgueses haviam estabelecido, bem antes da revolução, as grandes linhas do futuro. Podemos dizer o mesmo dos trabalhadores?

Infelizmente, não. Em todo o socialismo moderno, e sobretudo em sua fração moderada, vemos uma tendência pronunciada a não aprofundar os princípios da sociedade que se gostaria de fazer triunfar pela revolução. Isso é compreensível. Para os moderados, falar de revolução já é comprometer-se, e eles entreveem que se traçassem ante os trabalhadores um simples plano de reformas, perderiam seus mais ardentes partidários. Assim, preferem tratar com desprezo aqueles que falam de sociedade futura ou buscam precisar a obra da revolução. "Ver-se-á mais tarde, escolher-se-á os melhores homens, e estes tudo farão da melhor forma possível!" Eis sua resposta.

Quanto aos anarquistas, o temor de se ver divididos quanto a questões de sociedade futura e paralisar o ímpeto revolucionário, opera no mesmo sentido; prefere-se, geralmente, entre trabalhadores, adiar as discussões, que são chamadas (erroneamente, decerto) teóricas, e esquece-se de que, talvez, em alguns anos, serão chamados a dar sua opinião sobre todas as questões da organização da sociedade, desde o funcionamento dos fornos para assar pão até aquela das escolas ou da defesa do território, e que não terão nem sequer diante de si os modelos da revolução inglesa, na qual se inspiravam os girondinos no século passado.

***

Nos meios revolucionários, tende-se em demasia a considerar a revolução como uma grande festa, durante a qual tudo se arranjará por si mesmo da melhor forma possível. Todavia, na realidade, no dia em que as antigas instituições tiverem desmoronado, no dia em que toda essa imensa máquina — que, bem ou mal, supre as necessidades cotidianas da maioria — cessar de funcionar, será preciso que o próprio povo encarregue-se de reorganizar a máquina quebrada.

Sem nada a fazer senão decretos — copiados dos velhos clichês republicanos, conhecidos de memória há muito tempo —, os Lamartine e os Ledru-Rollin passavam dias inteiros escrevendo. Mas o que diziam esses decretos? Só faziam repetir as frases sonoras pronunciadas havia anos nas reuniões e nos clubes republicanos, e esses decretos não abordavam nada do que é a própria essência da vida cotidiana da nação. Visto que o governo provisório de 1848 não tocava nem na propriedade, nem no salário, nem na exploração, ele bem podia limitar-se a frases mais ou menos pomposas,

A AÇÃO ANARQUISTA NA REVOLUÇÃO

dar ordens, fazer, em resumo, o que se faz todos os dias nos gabinetes do Estado. Só tinha a fraseologia para mudar.

E, no entanto, só esse trabalhão já absorvia todas as forças dos recém-chegados. Para nós, revolucionários, que compreendemos que o povo deve comer e alimentar seus filhos antes de tudo, a tarefa será muito mais difícil. Há bastante farinha? Chegará ao forno dos padeiros? E como fazer para que o aprovisionamento de carnes e legumes não cesse? Todos têm uma moradia? Não falta roupa? E assim por diante. Eis o que nos preocupará.

Mas tudo isso demandará um trabalho imenso, feroz — é a palavra — por parte daqueles que desejam ardentemente o sucesso da revolução. "Outros tiveram febre durante oito dias, seis semanas", dizia um ex-convencionalista em suas memórias, "nós tivemos durante quatro anos sem interrupção". E é minado por essa febre, em meio a todas as hostilidades e a todas as decepções — pois também as haverá — que o revolucionário deverá trabalhar.

Ele terá de agir. Mas como agir se não sabe, desde há muito tempo, qual ideia o guiará, quais as grandes linhas da organização que, segundo ele, responde às necessidades do povo, a seus vagos desejos, à sua vontade indecisa?

E ainda se ousa dizer que ninguém necessita de nada disso, que tudo se arranjará por si mesmo! Mais inteligentes do que isso, os burgueses já estudam os meios para combater a revolução, escamoteá-la, lançá-la em uma via em que ela deverá fracassar. Estudam os meios de esmagar com armas a sublevação popular não apenas no campo (por meio de pequenos trens blindados com metralhadoras), mas também nas cidades (onde os Estados-Maiores estudaram os detalhes à perfeição); estudam ainda os meios para domar a revolução fazendo-lhe concessões imaginárias, lançando-as aonde a revolução seguramente irá atolar-se na lama do interesse pessoal e das lutas mesquinhas individuais.

Sim, a revolução será uma festa se ela trabalhar para a

liberação de todos; mas para que essa liberação aconteça, o revolucionário deverá manifestar uma audácia de pensamento, uma energia de ação, uma segurança de juízo, e um ardor no trabalho do qual o povo raramente deu provas nas revoluções precedentes, mas cujos precursores já começaram a delinear-se nos últimos dias da Comuna de Paris e nos primeiros dias das greves desses últimos vinte anos.

V

"Mas onde buscaremos essa audácia de pensamento e essa energia para o trabalho de organização, se o povo não as tem? Não admitis — dir-nos-ão — que não falta a força de ataque ao povo, a audácia no pensamento e o ardor para a reconstrução que demasiado frequentemente lhe fizeram falta?"

Admitimo-lo perfeitamente. Mas também não esquecemos da parte que cabe aos homens: a iniciativa nos movimentos populares. E é dessa iniciativa que agora falaremos um pouco para concluir nosso estudo.

A iniciativa, a livre iniciativa de cada um, e a possibilidade de cada um fazer valer essa força quando das sublevações populares, eis o que sempre fez a força irresistível das revoluções. Os historiadores falam pouco ou nada disso. Mas é com essa força que contamos para empreender e realizar a obra imensa da revolução social.

Se as revoluções do passado fizeram algo, foi exclusivamente graças aos homens e às mulheres de iniciativa, aos desconhecidos que surgem nas multidões e não temiam aceitar, em relação a seus irmãos e ao futuro, a responsabilidade de atos, considerados de uma audácia insensata pelos tímidos.

A grande massa dificilmente se decide a empreender algo que não tenha tido um precedente no passado. Podemos nos convencer disso todos os dias. Se a rotina envolve-nos em seus bolores a cada passo, é que faltam homens de iniciativa para romper com as tradições do passado e lançar-se corajosamente no desconhecido. Mas se uma ideia germina nos cérebros, vaga ainda, confusa, incapaz de traduzir-se nos fatos, e que homens de iniciativa surjam e coloquem-se ao trabalho, eles são imediatamente seguidos, desde que sua obra responda às vagas aspirações. E, mesmo quando, mortos de fadiga, retiram-se, o trabalho começado será continuado por milhares de seguidores, dos quais não se ousava nem mesmo supor a existência. É a história de toda a vida da humanidade — história que cada um pode constatar com seus próprios olhos, por sua própria experiência. Só aqueles que quiseram caminhar contra os desejos e as necessidades da humanidade viram-se amaldiçoados e abandonados por seus contemporâneos.

Infelizmente, os homens de iniciativa são raros na vida de todos os dias. Mas surgem nas épocas revolucionárias, e são eles, para dizer a verdade, que fazem as obras duradouras das revoluções.

Eles são a nossa esperança e a nossa confiança na próxima revolução. Basta que tenham apenas a concepção justa e, portanto, ampla do futuro; basta que tenham a audácia do pensamento e não se obstinem em fazer reviver um passado condenado a morrer; basta que um ideal sublime inspire-os — e eles serão seguidos. Nunca, em nenhuma época de sua existência, a humanidade sentiu tanto a necessidade de uma grande inspiração quanto neste momento em que vivemos, depois de ter atravessado um século de podridão burguesa.

***

Mas para que eles surjam, é necessária a obra preparatória. É preciso que as novas ideias — aquelas que marcarão um novo ponto de partida na história da civilização — sejam esboçadas antes da revolução; que elas sejam fortemente disseminadas nas massas, a fim de que possam ser ali submetidas à crítica dos espíritos práticos e, até certo ponto, à verificação experimental. É preciso que as ideias germinadas antes da revolução sejam bastante disseminadas para que um certo número de espíritos sintam-se acostumados a elas. É preciso que estas palavras: "anarquia", "abolição do Estado", "livre entendimento dos grupamentos operários e das comunas", "comuna comunista", tornem-se familiares, bastante familiares para que as minorias inteligentes busquem aprofundá-las.

Então, os Chalier, os Jacques Roux, os Dolivier da próxima revolução serão compreendidos pelas massas que, passada a primeira surpresa, perceberão nessas palavras a expressão de suas próprias aspirações.

Mas e a inveja dos próprios oprimidos? Não se observou amiúde, e com razão, que a inveja é a causa do fracasso das democracias? Que se o trabalhador sofre com demasiada paciência a arrogância do senhor de paletó, ele observa com um olhar invejoso até a influência pessoal do colega de oficina? Não neguemos o fato; não nos entrincheiremos atrás do argumento, muito correto, por sinal, de que a inveja nasce sempre da consciência de que o colega, tendo adquirido influência, a empregará para trair seus colegas de ontem, e que o único meio de paralisar a inveja, assim como a traição, é retirar do colega, bem como do burguês, a possibilidade de aumentar sua autoridade, tornar-se um senhor.

Tudo isso está correto; no entanto, há mais. Todos nós, com nossa educação autoritária, quando vemos uma influência surgir, só pensamos em reduzi-la, em anulá-la; esquecemos que há um outro meio, infinitamente mais eficaz, de paralisar as influências, já nocivas, ou aquelas que tendem a se tornar. É o de fazer melhor ao lado.

Em uma sociedade servil, esse meio é impossível e, filhos de uma sociedade servil, nem mesmo pensamos nisso. Um rei tornado insuportável — que meio temos de nos livrar dele, senão matando-o? Um ministro incomoda-nos, o que fazer senão procurar um candidato para substituí-lo? E quando um "eleito pelo povo" enoja-nos, buscamos um outro para fazer-lhe concorrência. Isso se passa assim. Todavia, será isso razoável?

O que podiam fazer, com efeito, os convencionalistas na presença de um rei que lhe disputava o poder senão guilhotiná-lo? Que podiam fazer os representantes da Montanha diante de outros representantes, investidos dos mesmos poderes — os girondinos —, senão enviá-los, por sua vez, ao carrasco? Pois bem, essa situação do passado permanece em nós até o presente, enquanto o único meio realmente eficaz de paralisar uma iniciativa nociva é a própria pessoa tomar a iniciativa da ação em uma melhor direção.

Assim, quando ouvimos os revolucionários extasiarem-se de júbilo com a ideia de apunhalar ou fuzilar os governantes que poderiam impor-se durante a revolução, somos tomados de pavor ao pensar que as forças dos autênticos revolucionários poderiam esgotar-se em lutas que só seriam, no fundo, lutas a favor ou contra os indivíduos que se dariam galão.

Fazer-lhes guerra é reconhecer a necessidade de ter outros homens cobertos do mesmo galão. Em 1871, viu-se, em Paris, um vago pressentimento de uma melhor maneira de agir. Os revolucionários do povo pareciam compreender que o "Conselho da Comuna" deveria ser considerado como um simples cenário, como um tributo pago às tradições do passado; que o povo, não apenas não deveria desarmar-se, mas que deveria manter, ao lado do Conselho, sua íntima organização, seus grupos federados, e que desses grupos, e não do Hôtel de Ville, deveriam emanar as medidas necessárias para o triunfo da revolução. Infelizmente, uma certa modéstia dos revolucionários populares, apoiada também pelos preconceitos autoritários, ainda muito enraizados nessa época, impediram esses grupos federados de ignorar totalmente o Conselho e agir, como se ele não existisse absolutamente, para inaugurar uma nova era de construção social.

***

Não evitaremos o retorno dessas tentativas de governo revolucionário durante a próxima revolução. Mas saibamos, ao menos, que o meio mais eficaz para anular sua autoridade não será aquele de preparar golpes de Estado, que só fariam conduzir o poder sob uma outra forma, resultando na ditadura. O único meio eficaz será constituir no próprio povo uma força, poderosa por sua ação e pelos fatos revolucionários construtivos que ela tiver realizado, ignorando o poder, qualquer seja o seu nome, e ampliado sempre por sua iniciativa revolucionária, seu ímpeto revolucionário e sua obra de demolição e reorganização. Durante a Grande Revolução de 1789-1794, foram as seções de Paris e de outras grandes cidades e das municipalidades revolucionárias nas pequenas cidades que, suplantando a Convenção e os órgãos provinciais do governo revolucionário, puseram-se a esboçar tentativas de reconstrução econômica e de livre entendimento da sociedade. É o que nos demonstram hoje os documentos já publicados que dizem respeito à atividade desses órgãos pouco conhecidos da revolução.

Um povo que souber organizar, por si, o consumo das riquezas e sua reprodução no interesse de toda a sociedade, não poderá mais ser governado. Um povo que constituir a força armada do país, e que souber dar aos cidadãos armados a coesão e a unidade de ação necessárias, não será mais comandado. Um povo que organizar suas ferrovias, sua marinha, suas escolas, não poderá mais ser administrado. E, enfim, um povo que souber organizar seus árbitros para julgar as pequenas disputas, e nas quais cada indivíduo considerará como dever impedir que o malandro abuse do fraco, sem esperar a intervenção providencial do guarda, não necessitará nem de policiais, nem de juízes, nem de carcereiros.

Nas revoluções do passado, o povo encarregava-se da obra de demolição; mas quanto à reorganização, ele a deixava aos burgueses.

A AÇÃO ANARQUISTA NA REVOLUÇÃO

"Mais bem versados do que nós na arte de governar, vinde, senhores; organizai-nos, ordenai para nós o trabalho, para que não morramos de fome; impedi-nos de entredevorar--nos, puni e perdoai segundo as leis que tiverdes feito para nós, pobres de espírito!"

E sabemos como eles aproveitavam-se do convite.

Pois bem, a tarefa que se impõe ao povo durante a próxima sublevação será apoderar-se precisamente dessa função que ele abandonou outrora aos burgueses. Será criar e organizar ao mesmo tempo em que destrói.

Para realizar essa tarefa, a revolução popular precisará de toda a força de iniciativa de todos os homens de coração, de toda a audácia de seu pensamento, liberto dos pesadelos do passado, e de toda a sua energia. Também deverá evitar paralisar a iniciativa dos mais resolutos: deverá simplesmente redobrar a iniciativa, se a dos outros faltar, se se enfraquecer, ou se assumir uma falsa direção. A audácia do pensamento, uma concepção clara e ampla de tudo o que se quer, a força construtiva advinda do próprio povo à medida que a negação da autoridade aparece, e, enfim, a iniciativa de todos na obra da reconstrução, é o que dará à revolução a força que deve possuir para vencer.

São essas forças, precisamente, que a propaganda ativa da anarquia, tanto quanto a própria filosofia da anarquia, tendem a desenvolver. À disciplina — essa âncora de salvação dos autoritários —, opõem a ampla e grande concepção da revolução, que pode dar exclusivamente a inspiração necessária. E, àqueles que gostariam de ver o povo apenas como um bando lançado contra os governantes do dia, mas sempre controlado a tempo pelo açoite, dizemos: "A parte do povo na revolução deve ser positiva, ao mesmo tempo que destrutiva. Pois somente ele pode reorganizar a sociedade em bases de igualdade e liberdade para todos. Entregar essa tarefa a outros seria trair a própria causa da revolução."

COMUNISMO E ANARQUIA

A IMPORTÂNCIA da questão nem precisa ser lembrada. Muitos anarquistas e pensadores em geral, conquanto reconhecendo as imensas vantagens que o comunismo pode oferecer à sociedade, veem nesta forma de organização social um perigo para a liberdade e o livre desenvolvimento do indivíduo. Esses perigos são também reconhecidos por um grande número de comunistas. Por outro lado, considerada em seu conjunto, da questão decorre outro problema, tão vasto, apresentado em toda a sua extensão por nosso século: a questão do indivíduo e da sociedade.

O problema foi obscurecido de diversas maneiras. Na maioria das vezes, quando se falou de comunismo, pensou-se no comunismo mais ou menos cristão e monástico, e sempre autoritário, que foi pregado na primeira metade desse século e posto em prática em certas comunas. Buscavam constituir "a grande família comunista", "reformar o homem", e impunham, nesse objetivo, além do trabalho em comum, a coabitação compacta em família, o distanciamento da civilização atual, o isolamento, a intervenção dos "irmãos" e das "irmãs" em toda a vida psíquica de cada um dos membros.

Além disso, distinção suficiente não foi feita entre as poucas comunas isoladas, fundadas muitas vezes durante esses três ou quatro últimos séculos, e as comunas numerosas e federadas que poderiam surgir numa sociedade em vias de realizar a revolução social.

Seria preciso, pois, no interesse da discussão considerar separadamente:

- A produção e o consumo em comum;
- A coabitação — é necessário modelá-la na família atual?

- As comunas isoladas de nossa época;
- As comunas federadas do futuro.
- E, enfim, como conclusão: o comunismo traz necessariamente com ele a diminuição do indivíduo? Ou ainda: o indivíduo na sociedade comunista.

Sob o nome de socialismo em geral, um imenso movimento de ideias realizou-se na corrente de nosso século, começando por Babeuf, Saint-Simon, Robert Owen e Proudhon, que formularam as correntes dominantes do socialismo e, em seguida, por seus inúmeros continuadores franceses (Considérant, Pierre Leroux, Louis Blanc), alemães (Marx, Engels), russos (Tchernichevski, Bakunin) etc., que trabalharam, seja para popularizar as ideias dos fundadores do socialismo moderno, seja para apresentá-las em bases científicas.

Essas ideias, ao se delinearem, engendrariam duas correntes principais: o comunismo autoritário e o comunismo anarquista, bem como um certo número de escolas intermediárias, buscando compromissos, tais como o Estado único capitalista, o coletivismo, a cooperação; enquanto, nas massas operárias, davam origem a um formidável movimento operário, que busca agrupar cada trabalhador por ofícios, para a luta contra o capital, tornando-se cada vez mais internacional.

Três pontos essenciais foram conquistados por esse formidável movimento de ideias e de ação, e eles já penetraram amplamente na consciência pública. São:

- A abolição do salariado — forma atual da antiga servidão;
- A abolição da apropriação individual de tudo o que deve servir à produção;
- E a emancipação do indivíduo e da sociedade da engrenagem política, o Estado, que serve para manter a servidão econômica.

Sobre esses três pontos, a concordância está bastante próxima de estabelecer-se; pois esses mesmos que preconizam os "bônus de trabalho", ou nos dizem (como Brousse): "Todos funcionários!", isto é, "todos assalariados do Estado ou da comuna", admitem que preconizam esses paliativos unicamente porque não veem a possibilidade imediata do comunismo. Aceitam esses compromissos por falta de melhor opção. Quanto ao Estado, esses mesmos que permanecem partidários encarniçados do Estado, da autoridade, até mesmo da ditadura, reconhecem que, quando as classes que temos hoje cessarem de existir, o Estado deverá desaparecer com elas.

Podemos dizer, portanto, sem exagerar a importância de nossa fração no movimento socialista, — que, apesar das divergências que se produzem entre as diversas facções socialistas, e que se acentuam sobretudo pela diferença dos meios de ação revolucionários aceitos por cada uma delas, podemos dizer que todas, pelas palavras de seus pensadores, reconhecem como centro de interesse o comunismo libertário. O resto, segundo suas próprias declarações, são apenas etapas intermediárias.

***

Toda discussão das etapas a atravessar seria inútil se ela não se baseasse no estudo das tendências que surgem na sociedade atual. E, dessas tendências diversas, duas, sobretudo, merecem nossa atenção.

Uma é que se torna cada vez mais difícil determinar a parte que cabe a cada um na produção atual. A indústria e a agricultura modernas tornam-se tão complicadas, tão encavaladas, todas as indústrias são tão independentes umas das outras que o sistema de pagamento do produtor-operário pelos resultados torna-se impossível. Assim, vemos que, quanto mais desenvolvida é uma indústria, mais desaparece o salário por peças[1] para ser substituído por um salário por jornada.

---

[1] Salário proporcional à produção. [N. do E.]

Este, por outro lado, tende a igualar-se. A sociedade burguesa atual permanece certamente dividida em classes, e temos toda uma classe de burgueses cujos emolumentos aumentam em proporção inversa do trabalho que eles fazem: quanto mais bem pagos são, menos trabalham. Por outro lado, na própria classe operária, vemos quatro grandes divisões: as mulheres, os trabalhadores agrícolas, os trabalhadores que fazem um trabalho simples, e, enfim, aqueles que têm um ofício mais ou menos especial. Essas divisões representam quatro graus de exploração e são apenas resultados da organização burguesa.

Todavia, numa sociedade de iguais, onde todos poderão aprender uma profissão e onde a exploração da mulher pelo homem, e do camponês pelo industrial cessará, essas classes desaparecerão. E hoje, inclusive, em cada uma dessas classes, os salários tendem a igualar-se. Foi o que fez com que se dissesse, com razão, que uma jornada de trabalho de um trabalhador de aterros valesse a de um joalheiro, e o que fez com que Robert Owen pensasse nos bônus de trabalho, pagos a cada um daqueles que deram tantas horas de trabalho à produção das coisas reconhecidas necessárias.

Entretanto, quando consideramos o conjunto das tentativas de socialização, vemos que, à parte a união de alguns milhares de fazendeiros nos Estados Unidos, o bônus de trabalho não avançou desde os três quartos de século que se passaram desde a tentativa de Owen de aplicá-lo. Em outros trabalhos, como *A conquista do pão* e *O salariado*, apresentamos as razões disso.

Em contrapartida, vemos produzir-se uma série de tentativas parciais de socialização na direção do comunismo. Centenas de comunas comunistas foram fundadas durante esse século, em toda parte, e, neste momento mesmo, conhecemos mais de uma centena — todas mais ou menos comunistas.

É igualmente no sentido do comunismo — parcial, evidentemente — que se fazem quase todas as numerosas tentativas de socialização que surgem na sociedade burguesa, seja entre particulares, seja na socialização das coisas municipais.

O hotel, o barco a vapor, a pensão são todos, nesse sentido, tentativas feitas pelos burgueses. Em troca de uma contribuição diária, é possível escolher entre dez ou cinquenta pratos oferecidos no hotel ou no barco, e ninguém controla a quantidade do que é consumido. Essa organização estende-se inclusive internacionalmente, e antes de partir de Paris ou de Londres, é possível munir-se de bônus (à razão de 10 francos por dia) que permitem a hospedagem à vontade em centenas de hotéis na França, na Alemanha, na Suíça etc., que pertencem a uma Liga Internacional dos Hotéis.

Os burgueses compreenderam muito bem as vantagens do comunismo parcial, combinado com uma liberdade quase completa do indivíduo, para o consumo; e em todas essas instituições, por um preço fixo por mês, encarregam-se de satisfazer todas as necessidades de hospedagem e alimentação, exceto aquelas extras relativas ao luxo (vinhos, quartos especiais), pagos separadamente.

O seguro contra incêndio (sobretudo nos vilarejos onde uma certa igualdade de condições permite um prêmio igual para todos os habitantes), contra acidente, contra roubo; esse arranjo que permite às grandes lojas inglesas fornecer toda semana, à razão de um *shilling* por semana, todos os peixes consumidos numa pequena família; o clube; as inúmeras sociedades de seguro em caso de enfermidade, toda essa imensa série de instituições nascidas no fluxo deste século, entram na mesma categoria de aproximação rumo ao comunismo para uma certa parte do consumo.

Enfim, temos toda uma vasta série de instituições municipais — água, gás, eletricidade, casas operárias, linhas de bonde a preço fixo, força motriz etc. — nas quais as mesmas tentativas de socialização do consumo são aplicadas numa escala que se amplia continuamente.

Tudo isso ainda não é certamente o comunismo. Longe

disso. Mas o princípio que prevalece nessas instituições contém uma parte do princípio comunista: — Por uma contribuição anual ou diária (em dinheiro hoje, em trabalho amanhã), tem-se direito de satisfazer tal categoria de necessidades — exceto o luxo.

Para ser comunistas, faltam a esses esboços de comunismo muitas coisas, das quais duas, sobretudo, são essenciais:

1. O pagamento fixo se faz em dinheiro, em vez de se fazer em trabalho;
2. Os consumidores não têm voz na administração da empresa.

Entretanto, se a ideia e a tendência dessas instituições fosse bem compreendida, não haveria nenhuma dificuldade, hoje, inclusive, de lançar por empresa privada ou societária uma comuna, na qual o primeiro ponto seria realizado. Assim, suponhamos um terreno de 500 hectares. Duzentas casinhas, cada uma cercada por um quarto de hectare de jardim ou horta, são construídas nesse terreno. A empresa dá a cada família que ocupa uma dessas casas, a escolher sobre cinquenta pratos por dia, tudo o que eles quiserem, ou, então, fornecer-lhes o pão, os legumes, a carne, o café à vontade, para preparo no domicílio. Em troca, pede, seja uma quantia por ano em dinheiro, seja uma quantidade de horas de trabalho à escolha num dos ramos de trabalho do estabelecimento: agricultura, criação de gado, cozinha, serviço de limpeza. Isso pode ser feito imediatamente no dia seguinte se se quiser; e podemos nos surpreender com o fato de que tal fazenda-hotel-jardim ainda não tenha sido construído por algum empreendedor hoteleiro.

***

Observaremos, sem dúvida, que é aqui, introduzindo o trabalho em comum, que os comunistas geralmente fracassaram. E, contudo, a objeção não poderia ser apoiada. As causas dos fracassos sempre estiveram alhures.

De início, quase todas as comunas foram fundadas em consequência de um ímpeto de entusiasmo quase religioso. Pedia-se aos homens para serem "pioneiros da humanidade", para submeterem-se a regras de moral minuciosas, para refazerem-se inteiramente pela vida comunista, para dar todo o seu tempo à comuna, durante as horas de trabalho e, fora dessas horas, para viver inteiramente para a comuna.

Seria fazer como fazem os monges e pedir aos homens — sem qualquer necessidade — para ser o que não são. Foi apenas muito recentemente que comunas foram fundadas por operários anarquistas sem qualquer pretensão, num objetivo puramente econômico — aquele de subtrair-se à exploração patronal.

O outro erro era o de sempre modelar a comuna com base na família e querer fazer dela "a grande família". Para isso, vivia-se sob um mesmo teto, sempre forçado, a todo instante, a estar em companhia dos mesmos "irmãos e irmãs". Ora, se dois irmãos acham amiúde difícil viver sob um mesmo teto, e se a vida em família não serve para todos, era um erro fundamental impor a todos "a grande família", em vez de buscar, ao contrário, garantir tanto quanto possível a liberdade e o cantinho de cada um.

Além do mais, uma pequena comuna não consegue viver. Os "irmãos e irmãs", forçados ao contato contínuo com a pobreza de impressões que os cerca, acabam por se detestar. Mas, se basta que duas pessoas, tornando-se rivais, ou simplesmente não suportando uma a outra, possam por sua desavença provocar a dissolução de uma comuna, seria estranho se essa comuna vivesse, ainda mais porque todas as comunas fundadas até este dia isolavam-se do mundo inteiro. É preciso dizer de antemão que uma associação pequena de dez, vinte, cem pessoas só poderá durar três ou quatro anos. Se durasse mais, seria inclusive lamentável, porquanto isso apenas provaria que todos se deixaram subjugar por um único, ou que todos perderam sua individualidade. Visto que é certo que em três, quatro ou cinco anos uma parte dos membros da comuna desejará se separar, seria preciso ao menos ter uma dezena ou mais de comunas federadas, a fim de que aqueles que, por uma razão ou outra, quiserem abandonar tal comuna, possam entrar numa outra comuna e ser substituídos por pessoas provenientes de outros grupos. De outro modo, a colmeia comunista deve necessariamente perecer, ou cair (como quase sempre acontece) nas mãos de um único — geralmente "o irmão" mais esperto que os outros.

Enfim, todas as comunas fundadas até o presente momento isolaram-se da sociedade. Mas a luta, uma vida de luta, é, para o homem ativo, uma necessidade bem mais imperativa do que uma mesa bem servida. Essa necessidade de ver o mundo, lançar-se em seu fluxo, lutar suas lutas, sofrer seus sofrimentos, é muito mais imperativa para a jovem geração. Eis por que (como observa Tchaikovski por experiência) os jovens, tão logo atingem dezoito ou vinte anos, deixam necessariamente uma comuna que não faz parte da sociedade inteira.

Inútil acrescentar que o governo, qualquer que seja, sempre foi o obstáculo mais sério para todas as comunas. Aquelas que só tiveram um governo pouco marcante ou as que não tiveram governo algum (como a jovem Icária) foram as mais bem-sucedidas. Isso é compreensível. Os ódios políticos são dos mais violentos. Podemos viver, numa cidade, ao lado de nossos adversários políticos, se não formos forçados a nos deparar com eles a todo instante. Mas como viver, se formos forçados, numa pequena comuna, a nos ver a todo momento? A luta política transporta-se para o ateliê, para o local de trabalho, para o quarto de dormir, e a vida torna-se impossível.

Em contrapartida, foi provado e comprovado que o trabalho comunista e a produção comunista, têm êxito maravilhoso. Em nenhuma empresa comercial a mais-valia dada à terra pelo trabalho foi tão grande quanto o foi em cada uma das comunas fundadas, seja na América, seja na Europa. Certamente, houve em toda parte erros de organização, como os há em toda empresa capitalista; entretanto, uma vez que sabemos que a proporção das falências comerciais é de, aproximadamente, quatro quintos, nos primeiros cinco anos após sua fundação, devemos reconhecer que nada de semelhante a essa enorme proporção é encontrado nas comunas comunistas. Assim, quando a imprensa burguesa faz pilhéria e fala de oferecer aos anarquistas uma ilha para que lá estabeleçam sua comuna — fortalecidos pela experiência, estamos prontos para aceitar essa proposta, sob a condição, contudo, de que essa ilha seja, por exemplo, a Île-de-France[2] e que, depois de feita a avaliação do capital social, recebêssemos nossa parte. Mas, como sabemos que não nos darão nem a Île-de-France nem nossa parte do capital social, tomaremos um dia uma e outra, nós mesmos, pela revolução social. Paris e Barcelona, em 1871, não estiveram assim tão longe disso — e as ideias progrediram desde então.

O progresso se deu sobretudo com a compreensão de que uma cidade, sozinha, pondo-se em comuna, encontraria dificuldade para viver. A tentativa deveria ser começada, consequentemente, num território — aquele, por exemplo, de um dos Estados do Oeste, Idaho ou Ohio — dizem-nos os socialistas americanos — e eles têm razão. É num território bastante grande, compreendendo cidade e campo — e não apenas numa cidade isolada — que será preciso, com efeito, lançar-se um dia ao futuro comunista.

***

Demonstramos, com frequência, que o comunismo estatista é impossível, que seria inútil insistir nesse assunto. A prova disso está, por sinal, no fato de que os estatistas, os próprios

[2] Região administrativa da França, que compreende hoje oito departamentos, incluindo o de Paris. [N. do E.]

COMUNISMO E ANARQUIA

defensores do Estado socialista não creem nisso. Uns, ocupados em conquistar uma parte do poder no Estado atual — o Estado burguês — nem sequer se preocupam em precisar o que compreendem por um Estado socialista que não seria o Estado único capitalista, e todos assalariados do Estado. Quando lhes dizemos que é isso que querem, zangam-se; mas não especificam que outra forma de organização pretendem estabelecer. Porquanto não creem na possibilidade de uma próxima revolução social, seu objetivo é tornar-se parte do governo no Estado burguês atual, e deixam assim o porvir determinar onde se chegará.

Quanto àqueles que tentaram desenhar o Estado socialista futuro, atacados por nossas críticas, respondem-nos que tudo o que querem são as agências de estatística. Mas isso é apenas um jogo de palavras. Hoje sabemos, por sinal, que a única estatística válida é aquela que é feita pelo próprio indivíduo, informando sua idade, sexo, ocupação, posição social, ou então a lista do que ele vendeu ou comprou.

As perguntas a serem feitas ao indivíduo são geralmente elaboradas pelos voluntários (cientistas, sociedades de estatística) e o papel das agências de estatística reduz-se hoje a distribuir os questionários, ordenar as fichas e adicionar, por meio de máquinas de somar. Reduzir, assim, o Estado, o governo, a esse papel, e dizer que por governo não se compreende isso, significa simplesmente (quando é dito sinceramente) bater em uma retirada honorável. Com efeito, deve-se reconhecer que os jacobinos de trinta anos atrás insistiram imensamente em seu ideal de ditadura e centralização socialista. Ninguém ousaria mais dizer hoje que o consumo e a produção de batatas ou de arroz devam ser regulamentados pelo Parlamento do Volkstaat (Estado Popular) alemão em Berlim. Essas asneiras já não são ditas.

***

Sendo o Estado comunista uma utopia abandonada por seus próprios criadores, é tempo de avançar. O que é bem mais importante a estudar, com efeito, é a questão de saber se o comunismo anarquista ou o comunismo libertário não deve necessariamente provocar, ele também, uma diminuição da liberdade individual.

O fato é que, em todas as discussões sobre a liberdade, nossas ideias encontram-se obscurecidas pelas reminiscências dos séculos de servidão e opressão religiosa que vivemos.

Os economistas representaram o contrato forçado, concluído sob a ameaça da fome entre o patrão e o operário, como um estado de liberdade. Os políticos, por outro lado, descreveram como um estado de liberdade aquele no qual hoje se encontra o cidadão convertido em servo e contribuinte do Estado. Seu erro é, portanto, evidente. Mas os moralistas mais avançados, tais como Mill e seus numerosíssimos alunos, determinando a liberdade como o direito de fazer tudo, exceto usurpar a liberdade igual dos outros, também limitaram inutilmente a liberdade. Sem dizer que a palavra "direito" é uma herança muito confusa do passado, que nada diz ou que diz em demasia, — a determinação de Mill permitiu ao filósofo Spencer, a uma quantidade inumerável de escritores, e, inclusive, a alguns anarquistas individualistas reconstituírem o tribunal e a punição legal, até a pena de morte — isto é, forçosamente, em última análise, o Estado do qual eles próprios fizeram uma admirável crítica. A ideia do livre-arbítrio oculta-se no fundo de todos esses raciocínios.

Vejamos, pois, o que é a liberdade.

Deixando de lado os atos irrefletidos e considerando apenas os atos ponderados (que a lei, as religiões e os sistemas penais buscam influenciar), cada ato desse tipo é precedido de uma certa discussão no cérebro humano: "Vou sair, passear, pensa tal homem. Mas não, marquei um encontro com um amigo, ou então, prometi terminar tal trabalho, ou ainda, minha mulher e meus filhos ficarão tristes se ficarem sozinhos, ou, por fim, perderei meu lugar se eu não for ao trabalho."

Essa última reflexão implica, como vemos, o temor de

uma punição, enquanto que, nas três primeiras, o homem só responde a si próprio, com seus hábitos de lealdade, suas simpatias. E aí está toda a diferença. Dizemos que o homem que é forçado a fazer esta última reflexão: "Renuncio a tal prazer em razão de tal punição", não é um homem livre. E afirmamos que a humanidade pode e deve emancipar-se do medo das punições; que ela pode constituir uma sociedade anarquista, na qual o medo de uma punição e, inclusive, o desprazer de ser censurado desaparecerão. É rumo a esse ideal que caminhamos.

Mas também sabemos que nós não podemos nos emancipar, nem de nossos hábitos de lealdade (cumprir promessa), nem de nossas simpatias (o sofrimento por causar um sofrimento àqueles a quem amamos ou a quem não queremos contrariar, ou mesmo desapontar). Sob este último aspecto, o homem nunca é livre. Robinson, em sua ilha não o era. Quando começou a construir seu barco, e a cultivar um jardim, ou fazer suas provisões para o inverno, deixou-se apanhar, enredar-se por seu trabalho. Se sentisse preguiça e preferisse permanecer deitado em sua caverna, hesitava por um momento, mas se dirigia, contudo, ao trabalho começado. Tão logo teve por companheiro um cão, assim que teve duas ou três cabras, e, sobretudo, assim que encontrou Sexta-feira, já não era mais absolutamente livre, no sentido amiúde atribuído a esse termo nas discussões. Tinha obrigações, devia pensar no interesse alheio, não era mais esse individualista perfeito com o qual gostam de nos entreter. A partir do momento que ama uma mulher, ou que tem filhos, educados por ele mesmo ou confiados a outros (a sociedade), desde o instante em que tem um animal doméstico — ou mesmo uma horta que precise ser regada em certas horas, — o homem não é mais o "não-dou-a-mínima", "o egoísta", "o individualista" imaginário que nos apresentam, algumas vezes como o típico homem livre. Nem na ilha de Robinson, menos ainda na sociedade, qualquer que seja, esse tipo não existe. O homem leva e levará em consideração os interesses dos outros homens, cada vez mais à medida que se estabelecerá entre eles relações de interesse mútuo mais estreitas, e que esses outros afirmarão mais claramente seus sentimentos e seus desejos.

Assim, não encontramos outra definição para a liberdade senão esta: a possibilidade de agir, sem fazer intervir nas decisões a tomar, o medo de um castigo societário (coação de corpo, ameaça de fome, ou, inclusive, a censura, a menos que esta venha de um amigo).

***

Compreendendo a liberdade desse modo, — e duvidamos que se possa encontrar uma definição mais ampla, e ao mesmo tempo real, da liberdade — podemos dizer certamente que o comunismo pode diminuir, matar inclusive toda liberdade individual, e assim tentaram em muitas comunas comunistas; mas é possível também ampliar essa liberdade até os seus últimos limites.

Tudo dependerá das ideias fundamentais com as quais se desejará associar. Não é a forma da associação que determina neste caso a servidão: serão as ideias sobre a liberdade individual trazidas para a associação que determinarão seu caráter mais ou menos libertário.

Isso é justo no que concerne a qualquer forma de associação. A coabitação de dois indivíduos numa mesma morada pode provocar a subjugação de um à vontade do outro, da mesma forma que ela pode proporcionar a liberdade para ambos. O mesmo ocorre na família. Também é assim se duas pessoas se põem a revolver o solo de uma horta ou a fazer um jornal. Igualmente para toda associação, por menor ou mais numerosa que seja. Válido também para toda instituição social. Assim, nos séculos X, XI e XII, vemos a comuna de iguais, homens igualmente livres, ansiosos para manter essa liberdade e essa igualdade — e quatrocentos anos mais tarde vemos essa mesma comuna solicitando a ditadura de um monge ou de um rei. As instituições comunais permanecem; mas a ideia do direito romano, do Estado, domina, enquanto a de liberdade, de arbitragem nas disputas e de federação em todos os graus desaparece — é a servidão.

Pois bem, de todas as instituições, de todas as formas de agrupamento social que foram tentadas até hoje, é ainda o comunismo que garante mais liberdade ao indivíduo — desde que a ideia-mãe da comuna seja a liberdade, a anarquia.

O comunismo é capaz de cobrir todas as formas de liberdade ou de opressão — o que outras instituições não podem. Pode produzir um convento, no qual todos obedecerão implicitamente a seu superior; pode ser uma associação absolutamente livre, deixando ao indivíduo toda a sua liberdade — uma associação que só dura enquanto os associados quiserem permanecer juntos, não impondo nada a ninguém, orgulhosa, ao contrário, de intervir para defender a liberdade do indivíduo, aumentá-la, ampliá-la em todas as direções. Pode ser autoritário (neste caso a comuna logo perece) e pode ser anarquista. O Estado, ao contrário, não pode sê-lo. É autoritário ou então cessa de ser Estado.

O comunismo garante, melhor que qualquer outra forma de agrupamento, a liberdade econômica, visto que pode garantir o bem-estar e até mesmo o luxo, pedindo ao homem apenas algumas horas de trabalho por dia, em vez de toda uma jornada. Ora, dar ao homem o lazer de dez ou onze horas sobre as dezesseis que vivemos todos os dias da vida consciente (e oito para o sono), já é ampliar a liberdade do indivíduo a um ponto que é o ideal da humanidade há milhares de anos. Hoje, com os meios de produção modernos, com as máquinas, isso pode ser feito. Numa sociedade comunista, o homem poderia dispor de dez horas, ao menos, de lazer. E isso é a liberação da mais pesada das servidões que recai sobre o homem. É uma ampliação da liberdade.

Reconhecer que todos são iguais e renunciar ao governo do homem pelo homem é ainda ampliar a liberdade do indivíduo a um ponto que nenhuma outra forma de agrupamento nem sequer admitiu em seus sonhos. Ela só se torna possível quando o primeiro passo foi dado: quando o homem tem sua existência garantida e não é forçado a vender sua força e sua inteligência àquele que quer fazer-lhe a caridade de explorá-lo.

Enfim, reconhecer que a base de todo progresso é a variedade das ocupações e organizar-se de modo que o homem seja absolutamente livre nas horas de lazer, mas possa também variar seu trabalho, e que desde sua infância a educação prepare-o para essa variedade — e é fácil obter sob um regime comunista — é ainda liberar o indivíduo e escancarar diante dele as portas para seu completo desenvolvimento em todas as direções.

Para o resto, tudo depende das ideias com as quais a comuna será fundada. Conhecemos uma comuna religiosa na qual um homem, sem que se sentisse infeliz e demonstrasse tristeza, via-se abordado por um "irmão" que lhe dizia: "Estás triste? Procura ao menos demonstrar alegria, caso contrário entristeces os irmãos e as irmãs". E conhecemos uma comuna de sete pessoas das quais uma pedia a nomeação de quatro comitês: de jardinagem, subsistências, limpeza e exportação, com direitos absolutos, para o presidente de cada comitê. Houve certamente comunas fundadas, ou invadidas após sua fundação, por "criminosos da autoridade" (tipo especial recomendado à atenção do sr. Lombroso), e inúmeras comunas foram fundadas por maníacos da absorção do indivíduo pela sociedade. Mas não foi a instituição comunista que as produziu: foram o cristianismo (eminentemente autoritário em sua essência) e o direito romano, o Estado. É a ideia-mãe estatista desses homens, habituados a pensar que sem lictores e sem juízes não existe sociedade possível, que permanece uma ameaça permanente a toda liberdade, e não a ideia-mãe do comunismo que é consumir e produzir sem contar a parte exata de cada um. Esta, ao contrário, é uma ideia de liberdade, de liberação.

Assim, podemos extrair as seguintes conclusões.

Até o presente, as tentativas comunistas fracassaram porque:

- Baseavam-se num ímpeto de ordem religiosa, em vez de ver na comuna simplesmente um modo de consumo e de produção econômicos;
- Isolavam-se da sociedade;
- Estavam imbuídas de um espírito autoritário;
- Estavam isoladas, em vez de federar-se;
- Pediam aos fundadores uma quantidade de trabalho que não lhes deixava tempo para o lazer;
- Tomavam como modelo a família patriarcal, autoritária, em vez de se propor, ao contrário, como objetivo, a liberação tão completa quanto possível do indivíduo.

Instituição eminentemente econômica, o comunismo não prejulga em nada a parte de liberdade que nele será garantida ao indivíduo, ao inovador, ao revoltado contra os costumes cristalizadores. Pode ser autoritário o que conduz forçosamente à morte da comuna, e pode ser libertário o que conduziu ao século XII, mesmo com o comunismo parcial dos jovens citados há pouco, a criação de uma nova civilização repleta de vigor, uma renovação da Europa.

Entretanto, a única forma de comunismo que poderia durar é aquela na qual, tendo em vista o contato já estreito entre cidadãos, tudo seria feito para estender a liberdade do indivíduo em todas as outras direções.

Nessas condições, sob a influência dessa ideia, a liberdade do indivíduo, aumentada por todo o lazer adquirido, não seria mais reduzida do que o é hoje pelo gás comunal, pelos alimentos enviados em domicílio pelas grandes lojas, pelos hotéis modernos, ou pelo fato de que, nas horas de trabalho, acotovelamo-nos com milhares de trabalhadores.

Com a anarquia como objetivo e como meio, o comunismo torna-se possível. Sem isso, ele seria forçosamente a servidão, e, como tal, não poderia existir.

COLEÇÃO DE BOLSO HEDRA

1. *Iracema*, Alencar
2. *Don Juan*, Molière
3. *Contos indianos*, Mallarmé
4. *Auto da barca do Inferno*, Gil Vicente
5. *Poemas completos de Alberto Caeiro*, Pessoa
6. *Triunfos*, Petrarca
7. *A cidade e as serras*, Eça
8. *O retrato de Dorian Gray*, Wilde
9. *A história trágica do Doutor Fausto*, Marlowe
10. *Os sofrimentos do jovem Werther*, Goethe
11. *Dos novos sistemas na arte*, Maliévitch
12. *Mensagem*, Pessoa
13. *Metamorfoses*, Ovídio
14. *Micromegas e outros contos*, Voltaire
15. *O sobrinho de Rameau*, Diderot
16. *Carta sobre a tolerância*, Locke
17. *Discursos ímpios*, Sade
18. *O príncipe*, Maquiavel
19. *Dao De Jing*, Laozi
20. *O fim do ciúme e outros contos*, Proust
21. *Pequenos poemas em prosa*, Baudelaire
22. *Fé e saber*, Hegel
23. *Joana d'Arc*, Michelet
24. *Livro dos mandamentos: 248 preceitos positivos*, Maimônides
25. *O indivíduo, a sociedade e o Estado, e outros ensaios*, Emma Goldman
26. *Eu acuso!*, Zola — *O processo do capitão Dreyfus*, Rui Barbosa
27. *Apologia de Galileu*, Campanella
28. *Sobre verdade e mentira*, Nietzsche
29. *O princípio anarquista e outros ensaios*, Kropotkin
30. *Os sovietes traídos pelos bolcheviques*, Rocker
31. *Poemas*, Byron
32. *Sonetos*, Shakespeare
33. *A vida é sonho*, Calderón
34. *Escritos revolucionários*, Malatesta
35. *Sagas*, Strindberg
36. *O mundo ou tratado da luz*, Descartes
37. *O Ateneu*, Raul Pompeia
38. *Fábula de Polifemo e Galateia e outros poemas*, Góngora
39. *A vênus das peles*, Sacher-Masoch
40. *Escritos sobre arte*, Baudelaire
41. *Cântico dos cânticos*, [Salomão]
42. *Americanismo e fordismo*, Gramsci
43. *O princípio do Estado e outros ensaios*, Bakunin
44. *O gato preto e outros contos*, Poe
45. *História da província Santa Cruz*, Gandavo
46. *Balada dos enforcados e outros poemas*, Villon
47. *Sátiras, fábulas, aforismos e profecias*, Da Vinci
48. *O cego e outros contos*, D.H. Lawrence

49. *Rashômon e outros contos*, Akutagawa
50. *História da anarquia (vol. 1)*, Max Nettlau
51. *Imitação de Cristo*, Tomás de Kempis
52. *O casamento do Céu e do Inferno*, Blake
53. *Cartas a favor da escravidão*, Alencar
54. *Utopia Brasil*, Darcy Ribeiro
55. *Flossie, a Vênus de quinze anos*, [Swinburne]
56. *Teleny, ou o reverso da medalha*, [Wilde et al.]
57. *A filosofia na era trágica dos gregos*, Nietzsche
58. *No coração das trevas*, Conrad
59. *Viagem sentimental*, Sterne
60. *Arcana Cœlestia e Apocalipsis revelata*, Swedenborg
61. *Saga dos Volsungos*, Anônimo do séc. XIII
62. *Um anarquista e outros contos*, Conrad
63. *A monadologia e outros textos*, Leibniz
64. *Cultura estética e liberdade*, Schiller
65. *A pele do lobo e outras peças*, Artur Azevedo
66. *Poesia basca: das origens à Guerra Civil*
67. *Poesia catalã: das origens à Guerra Civil*
68. *Poesia espanhola: das origens à Guerra Civil*
69. *Poesia galega: das origens à Guerra Civil*
70. *O chamado de Cthulhu e outros contos*, H.P. Lovecraft
71. *O pequeno Zacarias, chamado Cinábrio*, E.T.A. Hoffmann
72. *Tratados da terra e gente do Brasil*, Fernão Cardim
73. *Entre camponeses*, Malatesta
74. *O Rabi de Bacherach*, Heine
75. *Bom Crioulo*, Adolfo Caminha
76. *Um gato indiscreto e outros contos*, Saki
77. *Viagem em volta do meu quarto*, Xavier de Maistre
78. *Hawthorne e seus musgos*, Melville
79. *A metamorfose*, Kafka
80. *Ode ao Vento Oeste e outros poemas*, Shelley
81. *Oração aos moços*, Rui Barbosa
82. *Feitiço de amor e outros contos*, Ludwig Tieck
83. *O corno de si próprio e outros contos*, Sade
84. *Investigação sobre o entendimento humano*, Hume
85. *Sobre os sonhos e outros diálogos*, Borges — Osvaldo Ferrari
86. *Sobre a filosofia e outros diálogos*, Borges — Osvaldo Ferrari
87. *Sobre a amizade e outros diálogos*, Borges — Osvaldo Ferrari
88. *A voz dos botequins e outros poemas*, Verlaine
89. *Gente de Hemsö*, Strindberg
90. *Senhorita Júlia e outras peças*, Strindberg
91. *Correspondência*, Goethe — Schiller
92. *Índice das coisas mais notáveis*, Vieira
93. *Tratado descritivo do Brasil em 1587*, Gabriel Soares de Sousa
94. *Poemas da cabana montanhesa*, Saigyō
95. *Autobiografia de uma pulga*, [Stanislas de Rhodes]
96. *A volta do parafuso*, Henry James
97. *Ode sobre a melancolia e outros poemas*, Keats
98. *Teatro de êxtase*, Pessoa
99. *Carmilla — A vampira de Karnstein*, Sheridan Le Fanu

100. *Pensamento político de Maquiavel*, Fichte
101. *Inferno*, Strindberg
102. *Contos clássicos de vampiro*, Byron, Stoker e outros
103. *O primeiro Hamlet*, Shakespeare
104. *Noites egípcias e outros contos*, Púchkin
105. *A carteira de meu tio*, Macedo
106. *O desertor*, Silva Alvarenga
107. *Jerusalém*, Blake
108. *As bacantes*, Eurípides
109. *Emília Galotti*, Lessing
110. *Contos húngaros*, Kosztolányi, Karinthy, Csáth e Krúdy
111. *A sombra de Innsmouth*, H.P. Lovecraft
112. *Viagem aos Estados Unidos*, Tocqueville
113. *Émile e Sophie ou os solitários*, Rousseau
114. *Manifesto comunista*, Marx e Engels
115. *A fábrica de robôs*, Karel Tchápek
116. *Sobre a filosofia e seu método — Parerga e paralipomena (v. II, t. 1)*, Schopenhauer
117. *O novo Epicuro: as delícias do sexo*, Edward Sellon
118. *Revolução e liberdade: cartas de 1845 a 1875*, Bakunin
119. *Sobre a liberdade*, Mill
120. *A velha Izerguil e outros contos*, Górki
121. *Pequeno-burgueses*, Górki
122. *Um sussurro nas trevas*, H.P. Lovecraft
123. *Primeiro livro dos Amores*, Ovídio
124. *Educação e sociologia*, Durkheim
125. *Elixir do pajé — poemas de humor, sátira e escatologia*, Bernardo Guimarães
126. *A nostálgica e outros contos*, Papadiamántis
127. *Lisístrata*, Aristófanes
128. *A cruzada das crianças/ Vidas imaginárias*, Marcel Schwob
129. *O livro de Monelle*, Marcel Schwob
130. *A última folha e outros contos*, O. Henry
131. *Romanceiro cigano*, Lorca
132. *Sobre o riso e a loucura*, [Hipócrates]
133. *Hino a Afrodite e outros poemas*, Safo de Lesbos
134. *Anarquia pela educação*, Élisée Reclus
135. *Ernestine ou o nascimento do amor*, Stendhal
136. *A cor que caiu do espaço*, H.P. Lovecraft
137. *Odisseia*, Homero
138. *História da anarquia (vol. 2)*, Max Nettlau

Edição _	Jorge Sallum
Coedição _	André Fernandes e Bruno Costa
Capa e projeto gráfico _	Júlio Dui e Renan Costa Lima
Programação em LaTeX _	Marcelo Freitas
Revisão _	André Fernandes e Bruno Costa
Assistência editorial _	Bruno Oliveira
Colofão _	Adverte-se aos curiosos que se imprimiu esta obra em nossas oficinas em 29 de fevereiro de 2012, em papel off-set 90 g/m², composta em tipologia Minion Pro, em GNU/Linux (Gentoo, Sabayon e Ubuntu), com os softwares livres LaTeX, DeTeX, vim, Evince, Pdftk, Aspell, svn e trac.